prince

SPORT-GUIDE COULEUR

Le Tennis

SPORT-GUIDE COULEUR

Le Tennis

C. M. JONES

SOLAR

Dans la même collection
SPORT-GUIDE COULEUR

- **L'ÉQUITATION**
- **LE GOLF**

Les photos illustrant cet ouvrage appartiennent aux archives de l'éditeur original, à l'exception de : pp. 45, 81, 90, Michael Cole Camerawork ; 9, 11, 13, 17 h, 82-83, 84 h, 84 b, 85, 86 h, 88, C.M. Jones ; couverture, 39 b, 43, 49, 53, 65, Photo Source/Colour Library International ; 84 h, Gérard Bedeau/Parisport ; 84 b, Presse-Sports ; 19 h, 47, 57, 86 b, Syndication International ; 20, 21, Yamaha.

Titre original de cet ouvrage :
TENNIS

Traduction-adaptation française de :
Patricia MATHIEU
Photocomposition :
Nord Compo, Villeneuve-d'Ascq

ISBN édition originale 0-600-35849-6
ISBN édition française 2-263-01050-5
Numéro d'éditeur 1342

Imprimé en Italie par Poligrafici Calderara SPA, Bologne

SOMMAIRE

Le major Walter Clopton Wingfield, considéré comme l'inventeur du tennis moderne.

ALORS, VOUS VOUS METTEZ AU TENNIS ?

Vous avez franchi votre premier pas vers l'apprentissage ou le perfectionnement de votre tennis lorsque vous avez acheté ou emprunté cet ouvrage.

Comme tous mes autres lecteurs et mes élèves, vous présentez certains problèmes auxquels je fais face, avec succès si j'en crois les résultats, depuis que mon premier élève a remporté le championnat junior de Grande-Bretagne en 1936.

Pour commencer, je vous demande de lire attentivement les quelques paragraphes qui suivent. J'espère que vous serez ensuite en mesure de suivre la voie qui vous permettra non seulement de devenir un meilleur joueur de tennis, mais aussi d'être plus épanoui, plus discipliné et plus tolérant.

Non, il ne s'agit pas d'une mission impossible. Comme la plupart des gens, vous possédez sans doute un potentiel considérable dont ni votre entourage ni vous-même n'avez conscience.

Il vous est peut-être arrivé d'avoir pendant quelques instants l'impression de toucher cette perfection, mais cela vous a semblé trop beau pour être vrai, et vous l'avez laissé échapper. Pourtant, l'histoire a prouvé à maintes reprises que les êtres humains sont capables d'exploits qui dépassent nettement tout ce qu'ils pouvaient imaginer. On peut citer ces exemples relativement rares, mais confirmés par des preuves, de femmes apparemment frêles qui ont réussi à soulever des poids incroyables — des voitures, par exemple — pour libérer leurs enfants captifs et blessés.

Si vous prenez conscience de vos possibilités, vous pourrez réaliser vos rêves dans le domaine du tennis, avec l'aide plus ou moins importante de nombreux facteurs extérieurs. Ceux-ci dépendent des circonstances, mais trois points demeurent particulièrement importants :

1. Vous avez votre propre niveau de rendement maximum.
2. Vous pouvez atteindre une grande réussite personnelle en y parvenant.
3. Ce sont vos propres efforts mentaux, physiques et psychologiques qui vous mèneront à la réussite.

Vous pouvez lire cet ouvrage une centaine de fois, prendre les conseils d'une dizaine de professeurs, dépenser une petite fortune en équipement, mais tout l'argent du monde ne vous apportera pas ce premier service délié, fluide et puissant qui laissera votre adversaire incrédule. Quoi que vous ayez pu lire ou entendre, c'est finalement de vous, et de vous seulement que dépendra le succès de cette première balle.

Ci-dessus : Que vous ayez dix ans *(photo 1)* ou quatre-vingt-deux ans *(photo 2)*, le tennis reste passionnant. *Ci-contre :* Reconstitution du premier match de tennis, inventé par le major Wingfield.

Vous y parviendrez, vous ressentirez cette satisfaction, vous pourrez répéter ce service, et tous les autres coups du tennis, à de nombreuses reprises, d'abord sur les courts d'entraînement, puis en compétition.

Cette aventure est un défi, parfois difficile, mais c'est dans ces occasions que les joueurs les plus solides parviennent à se hisser à leur meilleur niveau. Ils peuvent avoir envie de renoncer de temps à autre, mais ne le font jamais. Lancez-vous dans cette aventure, et un jour, en regardant en arrière, vous comprendrez que ce voyage vous aura apporté de multiples satisfactions et vous aura totalement absorbé — davantage que l'accession à votre objectif.

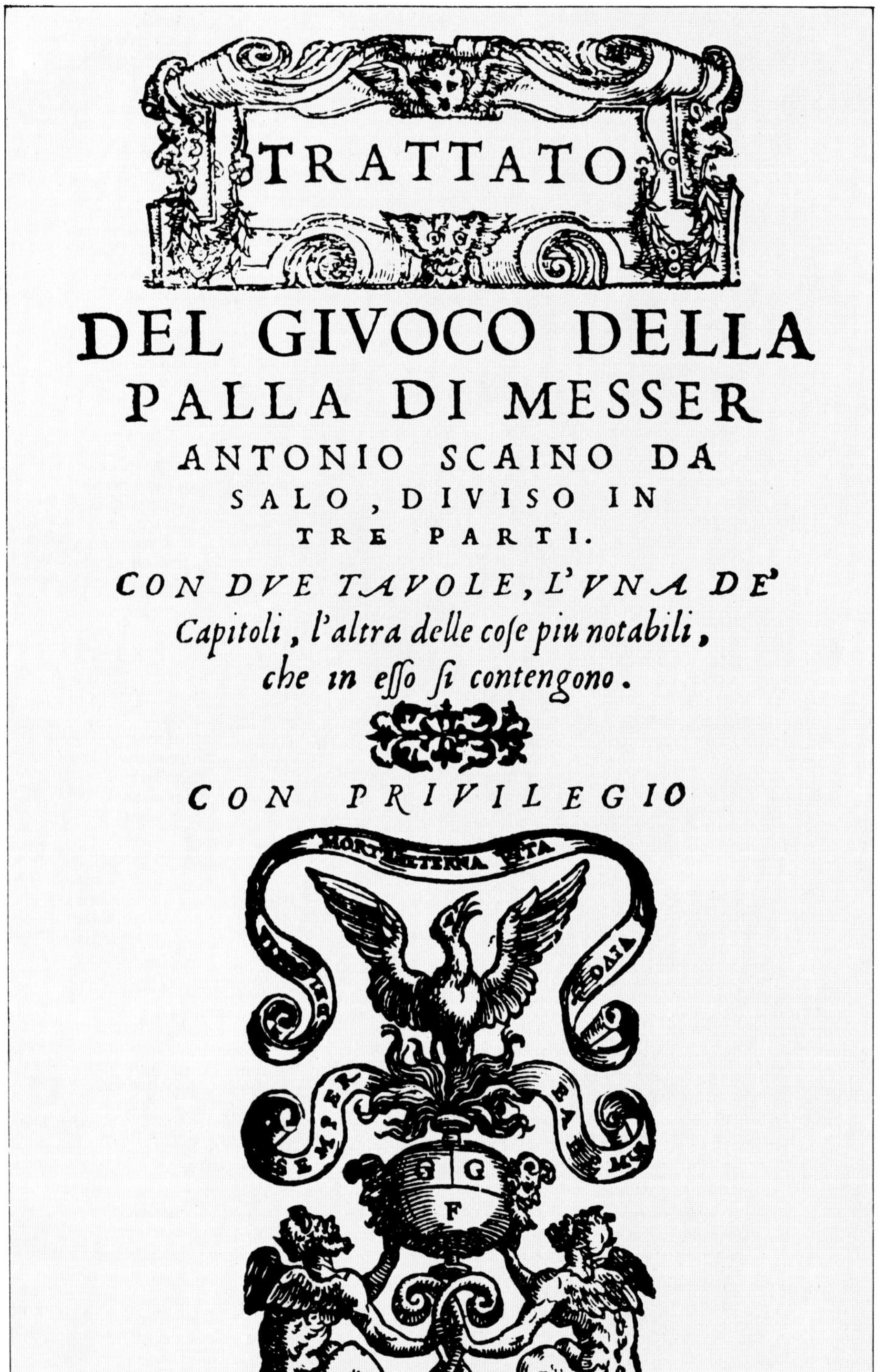

TRATTATO

DEL GIVOCO DELLA PALLA DI MESSER ANTONIO SCAINO DA SALO, DIVISO IN TRE PARTI.

CON DVE TAVOLE, L'VNA DE' Capitoli, l'altra delle cose piu notabili, che in esso si contengono.

CON PRIVILEGIO

IN VINEGIA APPRESSO GABRIEL GIOLITO DE' FERRARI, ET FRATELLI. M D LV.

Antonio Scaino Da Salo publia le premier livre consacré à l'ancêtre du tennis, le jeu de paume, en 1555.

Le choix de votre objectif

Votre but ultime peut être de remporter le tournoi organisé par votre club, ou un tournoi d'importance nationale, voire même de vous qualifier pour le tableau final de Roland-Garros, ou de remporter les Internationaux de France. Chacun de ces échelons peut correspondre au niveau de performance maximum de quelqu'un, et le fait de l'atteindre peut être pour vous l'équivalent d'une médaille olympique si votre comportement à l'égard de la vie et du sport est sagement équilibré.

Vous avez cinquante ans ? Vous pouvez encore participer à des épreuves nationales réservées à votre catégorie d'âge, et vous pourrez continuer jusqu'à soixante, soixante-dix ou même quatre-vingts ans. A l'autre extrémité de l'éventail, il existe des championnats internationaux réservés aux enfants de dix ans ; par conséquent, il est bien vrai que le tennis est « le sport de toute une vie », pour reprendre la devise de la Fédération internationale.

Pour progresser, il faut avant tout vous amuser, et avoir de la volonté. Mon premier conseil concerne votre comportement : respectez le jeu et vos adversaires ; retenez les leçons de vos matches et vivez le tennis, sur le court comme en dehors, en prenant chaque instant comme il vient, et en vous concentrant le plus possible sur chaque seconde qui passe.

Cette attitude fondamentale étant établie, examinons rapidement les principales étapes de l'histoire du tennis.

Les débuts

Tout comme les chatons et les chiots, les jeunes enfants, et même les bébés, aiment beaucoup pousser, frapper et jouer avec toutes les balles et les ballons qui se trouvent à leur portée. Il s'agit manifestement d'un comportement instinctif, d'un réflexe qui remonte peut-être à la nuit des temps, jusqu'à l'époque où les premiers hommes lançaient des pierres en direction des arbres ou des rochers.

De nombreux bas-reliefs antiques représentent des scènes de jeux de précision. On peut trouver des références aux jeux de balle dans des livres très anciens. C'est ainsi qu'Homère, qui vécut aux environs de 700 av. J.-C., parle dans la sixième Ode de son Odyssée de Nausicaa, d'une princesse phéacienne qui avait envoyé une balle dans la rivière tandis qu'elle jouait avec ses servantes !

Avec le temps, les hommes et les femmes sont devenus plus raffinés et plus exigeants dans les sports qu'ils pratiquent. L'intérêt s'est progressivement porté vers les jeux qui font appel à des qualités de finesse et d'adresse. L'ancêtre du tennis, que nous connaissons aujourd'hui, est né il y a environ mille ans. Le major Walter Clopton Wingfield, voyant dans ce jeu une possibilité de s'enrichir, déposa en 1874 le brevet du « Sphairistike », un terme barbare qui devait rapidement être remplacé par celui de « lawn tennis ». Deux ans plus tôt, le major Harry Gem et Augurio Pereira avaient fondé le premier club de tennis de l'histoire à Leamington, près de Birmingham.

Le lawn tennis était l'une des rares activités de plein air que les hommes et les femmes pouvaient pratiquer ensemble ; il devint donc rapidement populaire, non seulement sur l'herbe, mais sur toutes sortes de surfaces, et même sur des courts couverts. Après 1970, le terme de lawn tennis fut réduit à celui de tennis. Lawn tennis signifie en effet « tennis sur herbe », et très peu de tournois se disputent sur herbe désormais.

Au Moyen Age, on pratiquait le « jeu de paume », l'ancêtre du tennis, à main nue. A mesure que les joueurs devinrent plus puissants, leurs mains commencèrent à souffrir, et ils recouvrirent leurs paumes de différents bandages. Cette protection fut rapidement insuffisante, et des planches de bois apparurent alors. Elles réduisirent les douleurs, mais amoindrirent également les vibrations de la balle contre la main qui transmettaient les sensations de « toucher » au cerveau.

Antonio Scaino Da Salo, un prêtre, rédigea le premier traité du jeu de paume, *Trattato del Givoco della Palla di Messer* qui fut publié à Venise en 1555, treize ans après qu'il eut fabriqué une raquette cordée semblable à celles qu'utilisèrent les joueurs jusqu'au début des années soixante-dix. Avant la raquette de Scaino, il existait déjà des cadres cordés très grossiers, mais nous reparlerons des raquettes un peu plus loin.

Grâce aux activités de promotion du major Wingfield, le tennis se développa rapidement, mais il existait presque autant de règlements qu'il y avait de courts. Le premier championnat de tennis fut organisé à Wimbledon en 1877. Le comité du tournoi décida alors qu'aucun des règlements existants ne répondait vraiment aux exigences du jeu, et chargea trois membres de ce qui n'était encore que le « All England Croquet Club », Julian Marshall, Henry Jones et C.G. Heathcote, de rédiger un nouveau règlement plus approprié.

Ces trois hommes s'acquittèrent si bien de leur tâche qu'à quelques modifications près, les règles qu'ils établirent sont encore utilisées de nos jours. Leur action n'était que la première d'une série d'entreprises audacieuses qu'allaient décider les comités de direction successifs de Wimbledon. La mesure la plus spectaculaire fut prise en 1967, quand le président du club, Herman David, condamna dans les pages d'une revue britannique la pratique de l'« amateurisme marron ». Il affirmait dans son article que la direction du tournoi de Wimbledon allait abolir la distinction entre les soi-disant amateurs et les professionnels, et que le tournoi deviendrait « open », c'est-à-dire ouvert à tous, en 1968.

Malgré des menaces générales de boycott de la Grande-Bretagne, le tennis open naquit quelques mois plus tard, et le premier tournoi open de l'histoire eut lieu à Bournemouth en avril 1968.

Le Britannique Mark Cox devint le premier amateur à battre un joueur professionnel, et quatre jours plus tard, Ken Rosewall battit Rod Laver au cours de la première finale de l'ère du tennis open. Comme par une intervention divine, la pluie obligea les organisateurs à faire disputer la finale un dimanche, ce qui était tout à fait inédit dans la Grande-Bretagne de 1968. Désormais, la finale de Wimbledon se joue le dimanche, et les catégories « amateurs » et « professionnels » n'existent pratiquement plus. A moins qu'ils ne tiennent à être désignés comme « amateurs », les participants des tournois sont simplement appelés « joueurs ».

Depuis cette époque les règles ont été modifiées assez souvent, mais dans l'ensemble, le tennis d'aujourd'hui est le même que celui qui était déjà si populaire en 1913 en Grande-Bretagne que les revendeurs de billets au marché noir se pressaient devant les portes du stade de Wimbledon, proposant pour le prix alors exorbitant de dix livres (environ cent vingt francs) des places pour la finale entre Tony Wilding et Maurice McLoughlin. Cette pratique s'est encore développée depuis, et je crois pouvoir affirmer que le jour où l'on ne verra plus de revendeurs de billets devant les grilles de Wimbledon ou de Roland-Garros, le tennis tel que nous le connaissons aura disparu.

Le tennis est pratiqué dans plus de deux cents pays, par environ cinquante millions de joueurs enthousiastes. Où que vous vous rendiez dans le monde, n'oubliez jamais votre raquette, car vous trouverez toujours des partenaires.

Une attitude caractéristique de Suzanne Lenglen, immortalisée par cette aquarelle de Helen Wills Moody.

BUTS ET RÈGLES DU TENNIS

Fondamentalement, le tennis est un sport qui oppose deux personnes qui se tiennent de part et d'autre d'un filet. Leur objectif est de remporter un certain nombre d'échanges de balles en réussissant à placer des coups dans les limites du court mais hors de portée de l'adversaire ; ou en poussant celui-ci à commettre une erreur, c'est-à-dire à envoyer la balle dans le filet ou en dehors des limites du jeu.

Le gain d'un certain nombre de points rapporte un jeu, et le gain de plusieurs jeu rapporte un set, ou une manche. La plupart du temps, le match revient au joueur ou à la joueuse qui gagne deux sets (matches dits « au meilleur des trois sets »), mais dans les plus grands tournois, les matches se disputent « au meilleur des cinq sets », c'est-à-dire que le premier joueur qui gagne trois sets l'emporte.

Les rencontres opposant deux joueurs ou deux joueuses sont appelées « simples », tandis que celles qui mettent en présence deux joueurs de chaque côté du filet sont nommées « doubles ». L'un des charmes du tennis est constitué par les matches dans lesquels un homme et une femme sont opposés à un homme et une femme (les doubles mixtes).

Les limites de la zone de jeu sont indiquées sur le schéma de la page de droite. Dans les tournois les plus importants, le court est entouré d'un espace libre pour le déplacement des joueurs, qui est de 6,40 m aux extrémités du terrain, et de 3,66 m de part et d'autre des lignes de côté.

Au début de chaque échange, l'un des deux joueurs « sert », c'est-à-dire qu'il envoie la balle de l'autre côté du filet : si sa première balle est « faute », il a droit à une seconde tentative. Une seconde erreur, appelée « double-faute », coûte un point au serveur sans que son adversaire n'ait touché la balle.

Le serveur doit se tenir derrière sa ligne de fond de court, entre la marque centrale et la ligne de côté (voir le schéma, de A à A1 en simple, et de A à A2 en double). Le service doit franchir le filet et rebondir dans le rectangle situé dans la diagonale du serveur (voir : rectangle de service pour les points impairs sur le schéma).

Pour le deuxième point, le serveur doit se placer dans la zone située entre B et B1 ou B2 derrière sa ligne de fond, et servir dans le rectangle de service dans le rectangle de service pair indiqué sur le dessin. Par la suite, le serveur change de côté à chaque point, se tenant tantôt dans la zone A, tantôt dans la zone B jusqu'à la fin du jeu.

Ci-dessous : Le tennis est un sport enthousiasmant à pratiquer, mais la plus grande des satisfactions est celle que procure la réalisation d'un service à 160 km/h qui effleure la ligne avant de fuser, à l'image de celui qu'exécute ce joueur.

BUTS ET RÈGLES DU TENNIS

C'est alors au tour de l'autre joueur de servir en suivant les mêmes règles, c'est-à-dire en commençant par lancer sa balle depuis la droite du court dans le rectangle de service impair.

Le jeu revient au premier joueur qui marque quatre points, sauf si chacun des deux joueurs remporte trois points : il y a alors « égalité ». Dans ce cas, le jeu se poursuit jusqu'à ce que l'un des deux joueurs ait deux points d'avance.

Après l'égalité (trois points partout), le score est indiqué par les termes « avantage service », ou « avantage X » (le nom du joueur) suivi de « jeu », si ce joueur remporte également le point suivant.

Si le joueur qui a l'avantage perd le point suivant, le score revient à égalité et le principe des avantages se répète. Si le relanceur gagne le point qui suit l'égalité, l'arbitre peut annoncer « avantage Y », ou « avantage dehors ». Il peut arriver que des jeux se poursuivent très longtemps, allant parfois jusqu'à cinq ou six avantages de part et d'autre, et fournissent un spectacle passionnant.

Les points qui précèdent l'égalité ne sont pas comptabilisés par les termes « un », « deux », et « trois ». Le score est de 15 pour le premier point, 30 pour le deuxième,

1. Il y a faute de pied si l'un des pieds du serveur touche la surface de jeu ou la ligne de fond de court avant que la balle n'ait été frappée. Ce joueur a frappé son service et se trouve à l'intérieur de la zone de jeu, mais il ne touche pas le sol ; par conséquent, il n'y a pas faute de pied.

3 et 4. Dans ces deux cas, il y a faute de pied car cette joueuse est en contact avec la surface de jeu avant de frapper sa balle.

1

2. La balle est « bonne » si elle touche la ligne qui borde la zone de jeu. Elle est « faute » si elle ne touche pas la ligne, même si une partie de la balle se trouve à l'aplomb de la ligne. Regardez bien cette photo. Quelle balle est faute ?

2

3

4

Ci-dessous : Plan du court de tennis.

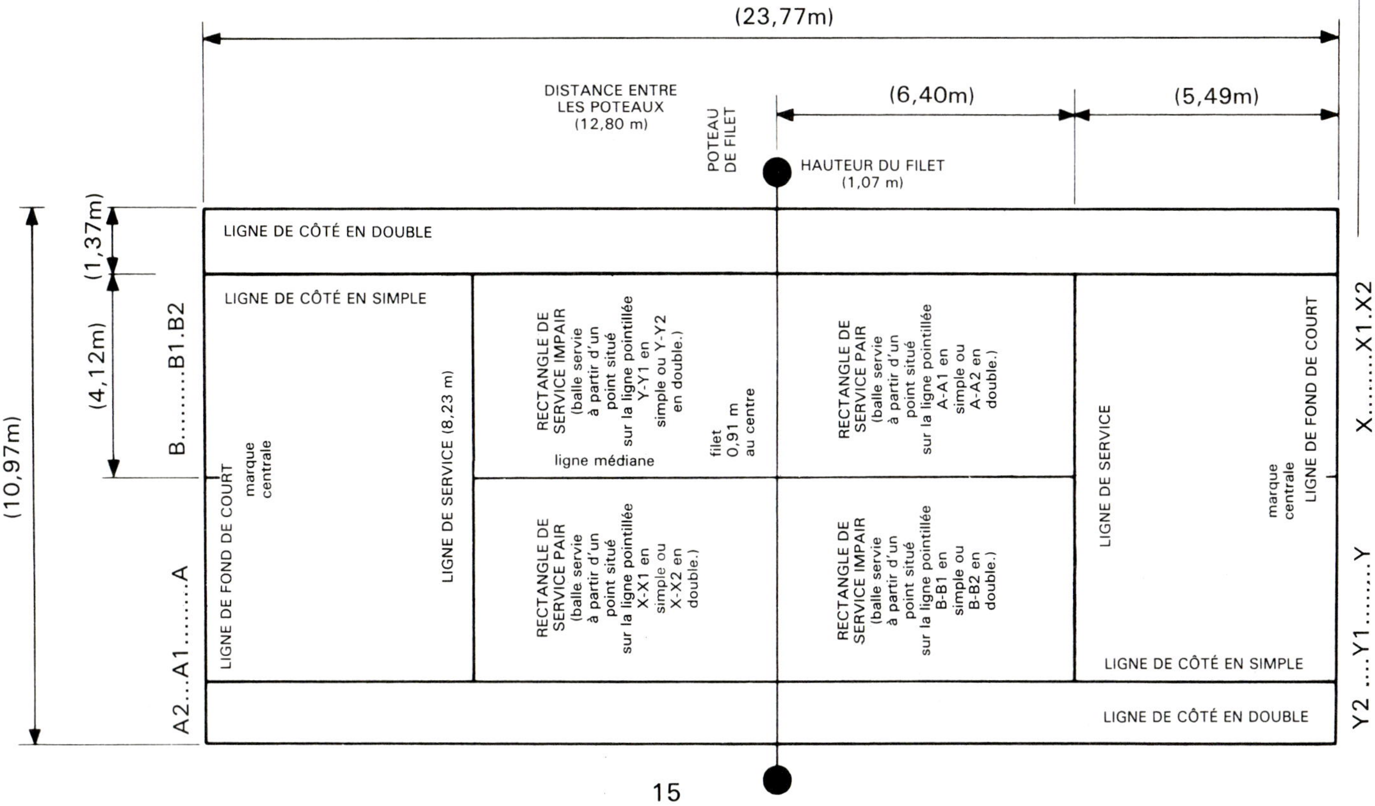

et 40 pour le troisième. Cette manière de compter a souvent été controversée, mais la tradition ajoute encore à l'intérêt de ce sport, et un enfant de dix ans parvient à maîtriser ces termes en quelques minutes.

Si un joueur ne marque pas de point dans un jeu, son score reste de « zéro ». Par exemple, un score de 15-0 indique que le serveur a gagné le premier point, et s'il est suivi de 15-A puis de 15-30, le relanceur a remporté les deux points suivants. En tennis, les points du serveur sont toujours annoncés les premiers, à l'exception des jeux qui vont à « égalité », et lors desquels les avantages sont annoncés avec le nom du joueur qui marque le point.

Généralement, le premier joueur qui gagne six jeux remporte le set. Cependant, en cas d'égalité à cinq jeux partout, le set revient au premier joueur qui remporte deux jeux d'affilée.

Cette règle peut être, et est souvent modifiée par le système du « tie-break ». A six jeux partout, les joueurs disputent le tie-break, et c'est le premier qui marque sept points qui l'emporte, mais là encore, à condition d'avoir deux points d'avance. Par conséquent, si le score atteint six points partout, le tie-break se poursuit jusqu'à ce que l'un des joueurs ait deux points d'avance.

Tous ceux qui ont eu la chance de voir le fameux tie-break de la finale de Wimbledon qui opposait en 1980 Bjorn Borg à John McEnroe, et qui est allé jusqu'à 18 points à 16 pour McEnroe, savent combien un tie-break peut être passionnant. Le plus souvent, il n'y a pas de tie-break dans le dernier set des matches qui se jouent au meilleur des trois sets ou au meilleur des cinq sets. Le plus long set de l'histoire s'est disputé à Kansas City en 1966 et s'est terminé sur le score de 49 jeux à 47. Quant au plus long tie-break, un nouveau record a été établi à Wimbledon en 1985, avec 26 points à 24 lors d'un match de double.

La plupart des matches se disputent au meilleur des trois sets. En moyenne, cela signifie que 70 p. cent d'entre eux sont remportés en deux sets (deux sets à zéro). Dans certains grands tournois, les rencontres se jouent en trois sets gagnants (au meilleur des cinq sets).

Toutes les tentatives de modification du système de calcul des scores en tennis ont échoué, et pour une bonne raison. En effet, la manière de compter les jeux et les sets, et la nécessité de disposer de deux points ou de deux jeux d'avance pour s'imposer, permettent toujours à un joueur qui est mené de revenir dans la partie et de l'emporter, même en commettant des erreurs dans des jeux qui vont aux égalités. Ce n'est pas le cas en tennis de table par exemple, où le joueur qui est au bord de la défaite n'a plus le droit à l'erreur.

La bonne attitude

Il y a une vingtaine d'années, une équipe de chercheurs américains a découvert que la tribu africaine des Kopjis possédait des dons étonnants pour le basket-ball, et un match fut organisé entre ces Africains et une équipe professionnelle américaine. Il fallait apprendre aux Kopjis à compter les points, et ils le refusèrent. Lorsqu'on leur en demanda la raison, ils répondirent : « Nous ne voulons pas gâcher le jeu en comptant les points. »

Il y a une morale à tirer de cette attitude, et il faut y songer avant de se lancer totalement dans le tennis de compétition. La victoire dépend au moins autant des qualités mentales que des capacités physiques. J'ai réussi à isoler une trentaine de facteurs qui constituent la résistance mentale. L'un des premiers est l'amour du sport. Quand vous vous lancerez dans la jungle du tennis de compétition, pensez aux dons de ces Kopjis et à leur amour du sport pour le sport, et promettez-vous d'apprécier tous les efforts que vous fournirez pour vous améliorer et pour acquérir la discipline qu'apporte la réussite.

Cette attitude vous permettra de progresser très vite. Vous pouvez constater que j'ai confiance en ce principe au point d'employer le temps futur, et non le conditionnel.

La progression du stade de débutant à celui de champion se fait en une douzaine d'étapes, qui sont les suivantes :

1. Plaisir de courir pour intercepter une balle et la renvoyer au-dessus d'un filet.
2. Acquisition d'une plus grande régularité, de manière à passer plus de temps à jouer et moins de temps à ramasser les balles.
3. Premiers matches disputés entre amis.
4. Décision de faire des efforts pour progresser et pour gagner plus souvent. Satisfaction esthétique de plus en plus importante sur les coups bien réussis.
5. Recherche de compétition plus sérieuse. Inscription dans certains tournois régionaux.
6. Inscription dans une section sports-études, puis participation à des tournois de dimension nationale, et début des voyages.
7. Comportement face à la nervosité et à la tension tout en continuant à essayer d'obtenir de bons résultats dans les tournois.
8. Prise de conscience de votre niveau, qui pourrait vous permettre de devenir membre d'une équipe régionale.
9. Désir de participer au tournoi de Roland-Garros ; recherche de personnes pouvant vous y aider, et intensification de l'entraînement et du travail.
10. Franchissement des qualifications pour Roland-Garros, et désir de passer un ou deux tours dans le tableau final.
11. Recherche d'une participation à votre équipe nationale.
12. Tentative de remporter Roland-Garros, Wimbledon, l'US Open et l'Open d'Australie.

Chacune de ces étapes vous entraînera vers la suivante et cela risque de poser certains problèmes, notamment pour les adolescents très ambitieux et, surtout, pour de nombreux parents : en effet, il est plus facile de trouver un compromis en essayant de gagner davantage de matches au niveau où vous êtes, et cela nuit parfois à l'amélioration de la technique et de la force mentale nécessaires pour vous imposer dans les échelons supérieurs.

Naturellement, il est essentiel de faire de votre mieux pour gagner, mais il faut aussi songer à l'avenir, car le tennis est un sport qui élargira vos horizons à mesure que vous progresserez.

L'équipement

Que vous soyez ambitieux ou non, il est toujours sage d'acheter le meilleur équipement, les meilleures chaussures, les meilleures chaussettes et les meilleurs vêtements que vous puissiez vous permettre. Aujourd'hui, la plupart des bons magasins de sport proposent une grande diversité de

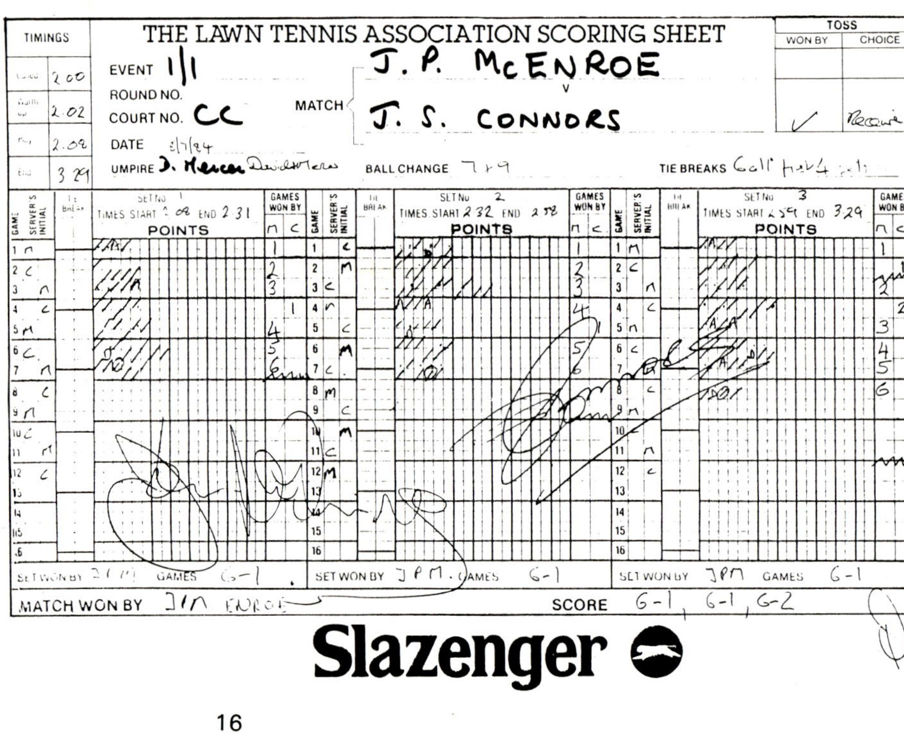
THE LAWN TENNIS ASSOCIATION SCORING SHEET
EVENT 1/1
MATCH J. P. McENROE v J. S. CONNORS
MATCH WON BY
SCORE 6-1, 6-1, 6-2

Slazenger

vêtements, mais en ce qui concerne les raquettes, les balles, voire même les chaussures, mieux vaut demander conseil à un spécialiste, un professeur par exemple, qui vous aidera dans le choix de votre matériel.

Toutes les grandes marques de tennis fabriquent d'excellents équipements, mais il existe parfois de légères différences entre les produits. Ce sont ces différences qui permettront à un spécialiste de faire coïncider vos besoins particuliers à une raquette bien précise en fonction de ses performances, de son poids, de son prix, etc. N'oubliez pas qu'une bonne raquette peut durer deux ou trois ans, ou même davantage si vous en prenez soin. Si elle vous permet de gagner un ou deux points facilement dans chaque jeu, vous en tirerez encore plus de satisfactions ; par conséquent, mieux vaut faire votre choix avec discernement.

En fait, il peut être utile de savoir comment est fabriqué cet outil si important qu'est la raquette.

Ci-dessous : L'auteur corrigeant un défaut au service qui risque de nuire à la réussite d'un jeune joueur. Les compétitions en groupe, comme celle-ci, sont très intéressantes et aident les débutants à se perfectionner.

Page ci-contre : La feuille de score officielle de la finale de Wimbledon 1984 entre John McEnroe et Jimmy Connors. Essayez de trouver le nombre de points que Connors a remportés.

Ci-contre : Angela Buxton (en vert sur la gauche), qui remporta Wimbledon en double en 1956, associée à Althea Gibson, et fut finaliste en simple la même année, aime organiser des cours de tennis en groupe qui apportent aux passionnés l'enthousiasme du jeu et la santé.

TENUE ET ÉQUIPEMENT

Un véritable amateur de tennis joue en moyenne quatorze heures par mois l'été, et environ six heures par mois l'hiver, soit cent vingt heures par an. En supposant qu'un joueur frappe six coups par minute en moyenne, cela donne un total de près de 45 000 coups exécutés chaque année.

C'est un nombre considérable, et cela peut apporter beaucoup de satisfactions si les coups sont bien coordonnés et parfaitement exécutés. Un amateur de théâtre assistant à une quarantaine de représentations chaque année à raison de cent francs environ pour chaque place dépense 3 950 F par an dans les spectacles.

Le joueur de tennis tire généralement beaucoup plus de satisfaction de ses 120 heures de tennis annuelles ; ainsi, même si sa raquette lui coûte 2 000 F, c'est un bon investissement. Quoi qu'il en soit, les joueurs qui veulent réussir doivent posséder une excellente raquette pour pouvoir apprécier réellement le sport qu'ils pratiquent. On trouve aujourd'hui des modèles de raquettes à des prix allant de 450 F environ jusqu'à 2 000 F, et il existe même une raquette à 6 000 F pour ceux qui désirent faire étalage de leur richesse. Dès l'âge de huit ans, les enfants peuvent trouver des raquettes de petite taille adaptées à leurs besoins pour 120 F environ, et des modèles plus perfectionnés aux alentours de 210 F.

Avant les années 1980, la plupart des raquettes mesuraient 68,6 cm de longueur totale, la longueur de la tête de raquette étant de 28 cm pour 23 cm de largeur ; regardez le modèle Dunlop Maxply sur la photo de la page 23. Ce modèle est celui qui a battu tous les records de vente entre 1931 et 1981, et on l'a souvent surnommé « la Volkswagen des raquettes ».

Ci-dessus : La raquette fabriquée par Antonio Scaino il y a plus de quatre siècles.

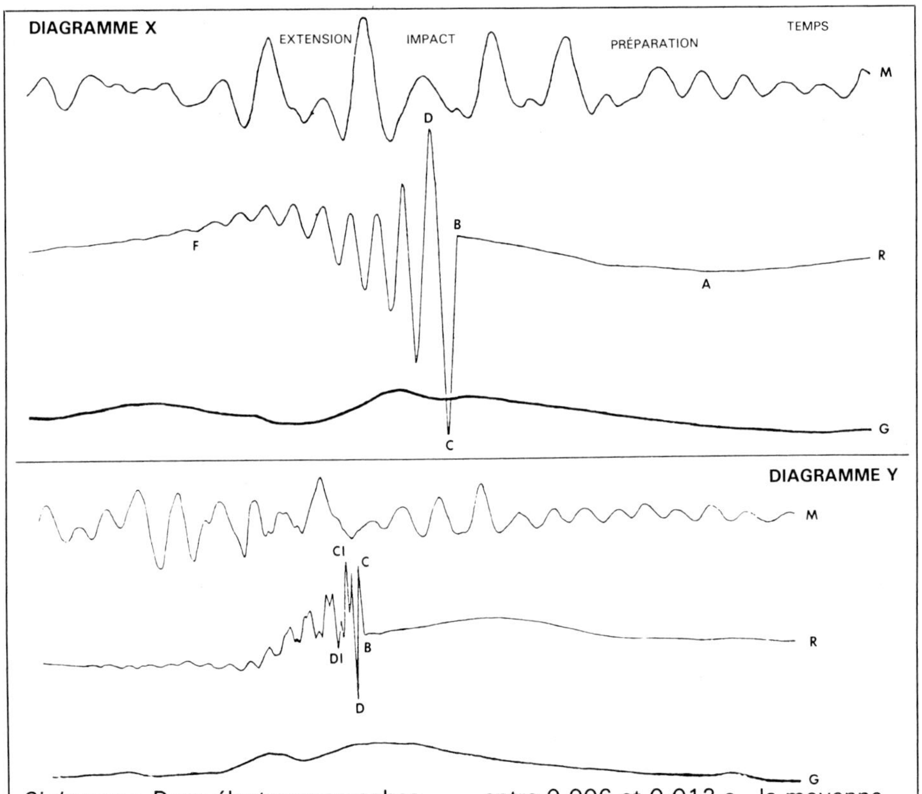

Ci-dessus : Deux électromyographes d'un coup de tennis complet. La ligne M mesure l'activité électrique dans le muscle lors de l'exécution du coup. La ligne R mesure les vibrations de la raquette, et la ligne G représente la fermeté relative de la prise de raquette. Ces lignes se lisent de droite à gauche et sont synchronisées à partir de la même ligne zéro.
L'écart considérable qui se produit entre B et C sur la ligne correspondant aux vibrations de la raquette est provoqué par le choc de la balle sur le cordage, qui entraîne une distorsion de la raquette et de la balle.
Entre C et D, la balle reprend sa forme et elle quitte la raquette au point D. Par conséquent, la période complète du contact entre la balle et la raquette se situe entre B et D. Sur plus de soixante-dix joueurs testés — du débutant au champion — cette durée d'impact variait entre 0,006 et 0,012 s., la moyenne étant de 0,008 s.
L'intervalle de D à F correspond aux vibrations de la raquette, ou résonance, après la frappe. Le diagramme X représente un coup bien centré.
Le diagramme Y correspond au contraire à une frappe excentrée, qui se traduit par une série de petites oscillations sur les lignes M et R, signes d'ondes de choc néfastes aux petits vaisseaux capillaires et susceptibles d'entraîner l'apparition du tennis-elbow.
Vous pouvez constater que la fermeté de la prise est particulièrement importante au moment de l'accélération de la raquette qui permet une plus grande puissance et une vitesse accrue lors de l'impact.

(Illustration autorisée par A.M. Bernhang, W. Denher et C. Fogarty, Grumman Aerospace Corp.)

Vers 1975, les raquettes à moyen et à grand tamis ont fait leur apparition. La longueur totale des modèles à grand tamis était toujours de 68,6 cm, mais la tête de raquette avait une surface de 645 cm^2 ou plus. Les raquettes à moyen tamis avaient des dimensions variables intermédiaires entre celles des grands tamis et celles des tamis traditionnels. Cette innovation prit rapidement une ampleur considérable, au point que lors du tournoi de Wimbledon en 1984, six seulement des deux cent cinquante-six participants aux épreuves du simple messieurs et du simple dames utilisaient encore des raquettes à tamis traditionnel.

Le grand avantage des raquettes à tamis surdimensionnés est l'augmentation de la surface de frappe idéale, ou « sweetspot », située au centre du cordage. Cette surface peut être trois fois et demie plus importante pour les grands tamis, et deux fois et demie pour les moyens tamis. Le sweetspot est l'endroit du tamis où la balle rebondit avec régularité et efficacité à chaque frappe.

Regardez de nouveau le modèle Maxply traditionnel et vous pourrez constater que le « cœur » de la raquette, situé entre le manche et le tamis, est en bois plein. Faites la comparaison avec les modèles surdimensionnés, où le cœur de la raquette est ouvert et formé de deux ou trois branches.

Ces branches permettent non seulement de réduire la résistance au vent (traction en termes scientifiques), mais aussi d'amoindrir la torsion de la tête de raquette par rapport au manche. Cela élargit le sweetspot, mais surtout, cela élimine l'un des facteurs susceptibles d'engendrer le tennis-elbow. Toute torsion de la tête de raquette transmet en effet des ondes de choc, ou vibrations, dans les muscles du joueur ; or, le coude, le bras et l'épaule n'apprécient pas vraiment les vibrations.

Les coups mal centrés sont également dangereux pour le coude. Là encore, ce sont les ondes de choc qui sont responsables.

Mieux vaut examiner de plus près ces vibrations. Elles sont nécessaires car elles transmettent les sensations (le toucher) de

Ci-dessus : L'accompagnement long et puissant de Connors lui donne un bon contrôle de balle et une puissance considérable. Vous devriez suivre cet exemple, en particulier lorsque vous êtes soumis à une pression importante qui risquerait de créer une tension excessive.

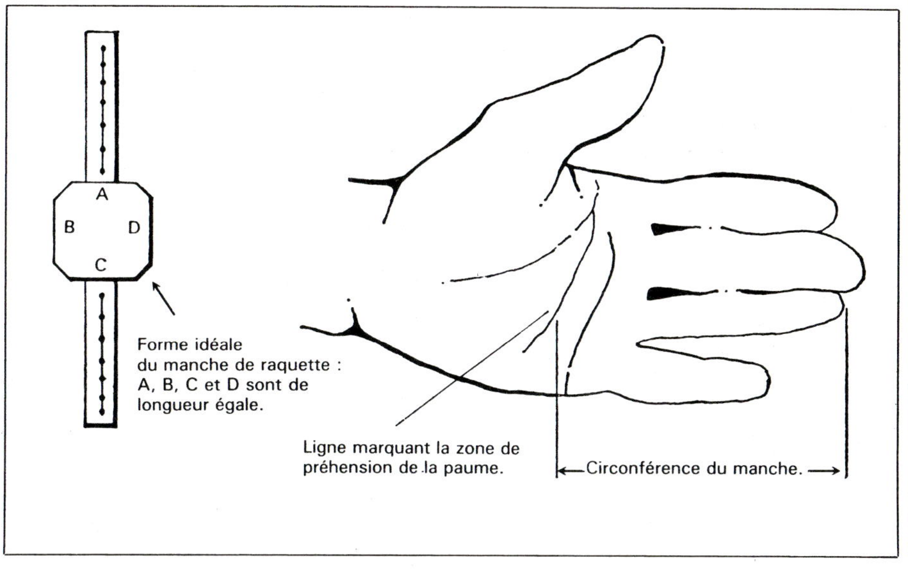

Ci contre : Vous pouvez évaluer la taille idéale de votre grip de raquette en mesurant la distance indiquée sur le dessin. L'idéal pour un manche de raquette serait une forme circulaire, mais la meilleure solution pratique est celle qui est illustrée ici.

Les photos de ces deux pages montrent les différentes étapes de la fabrication des célèbres raquettes Yamaha en fibre de verre, qui sont ensuite testées.
1. Une longue feuille de tissu de verre est plongée dans un bain de résine époxy.
2. Après un traitement au four, le tissu de verre est coupé, et conservé dans un état « collant », de manière à assurer une adhésion totale de la fibre aux matériaux successifs.
3. On utilise de la mousse de polyuréthane pour former le squelette de la raquette. Elle constitue la forme du cadre et absorbe les vibrations.
4. La fibre de verre est enroulée sur le squelette. On insère une plaque d'acier qui donne à la raquette son poids et son équilibre.
5. Enroulement de la fibre de verre sur le squelette de mousse de polyuréthane. On ajoute ensuite des morceaux de fibre de verre aux endroits critiques de la raquette, comme la tête et le cœur.
6. La longue barre de fibre de verre qui sera le cadre est pliée, fixée autour du cœur et placée dans un moule.
7. La raquette dans son moule.
8. La raquette subit ensuite un traitement à basse température.
9. Dévissage du couvercle du moule.
10. Les excédents de résine époxy et de peinture sont retirés.
11. Trente trous sont percés autour du cadre. La raquette est ensuite tournée légèrement, et trente autres trous sont percés.
12. Inspection minutieuse de la raquette.
13. Nouvelle inspection, lors de laquelle on vérifie le poids du cadre.
14. Vérification de la souplesse du cadre.
15. Mise en place des bandes de fixation du cordage autour du cadre.
16. Fixation des étiquettes sur le cœur de la raquette, et sur les côtés du manche.
17. Mise en place du grip, fait de mousse de polyuréthane solide.
18. Les raquettes, dont le grip est fixé dans un moule, sont acheminées jusqu'à un four où elles sont soumises à des températures très élevées.
19. Mise en place de l'embase du manche.
20. Application du cuir sur le grip.
21. Le poids de la raquette, son équilibre, la taille du grip, le numéro de série, etc., sont enregistrés. Cela permet d'obtenir des répliques exactes de votre raquette favorite.
22. Mesure de la grandeur du sweetspot, de la vitesse du rebond, etc.
23. Tests supplémentaires.
24. Des oscillogrammes analysent l'importance et la fréquence des vibrations.

1

2

3

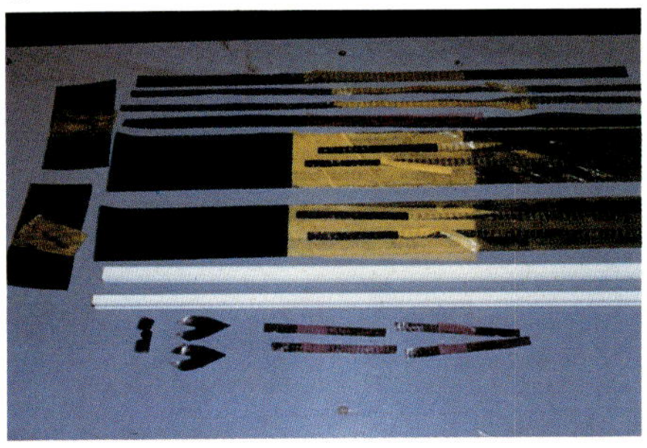

4

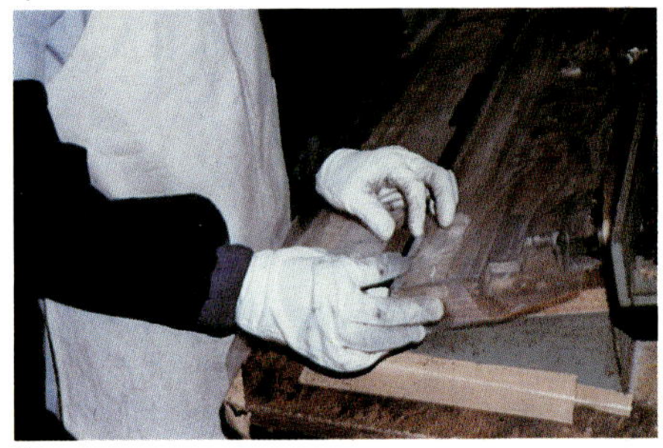

5

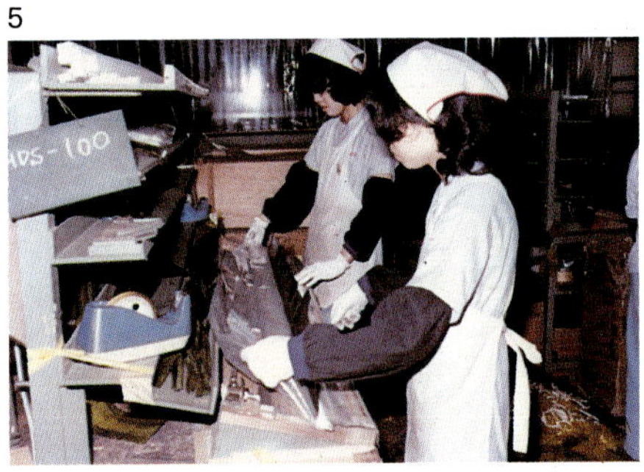

6

7

8

9

10

11

12

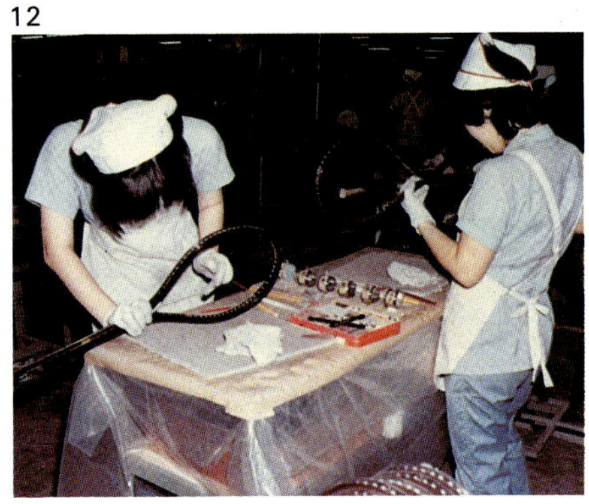

13

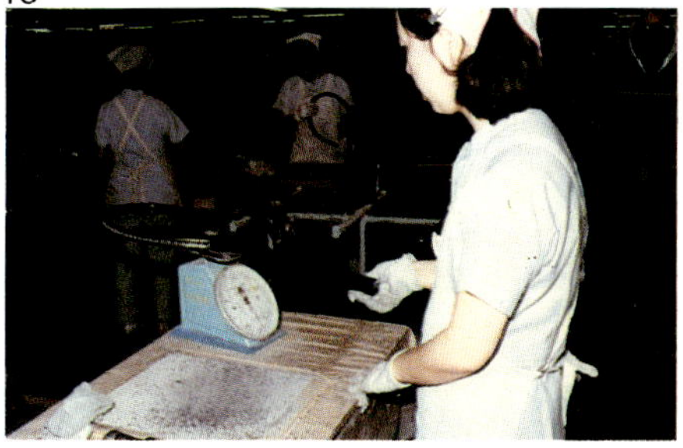

14

15

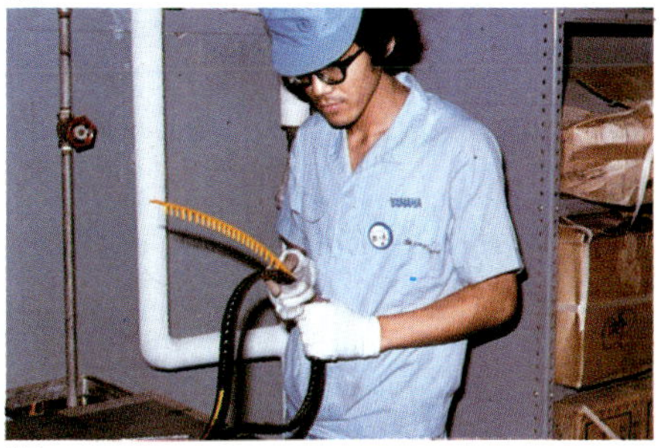

16

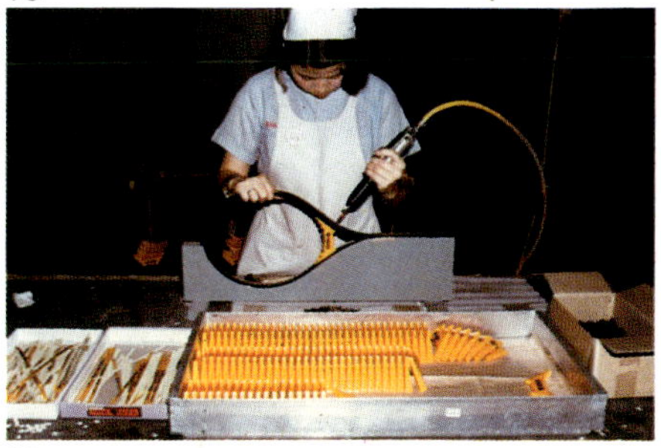

17

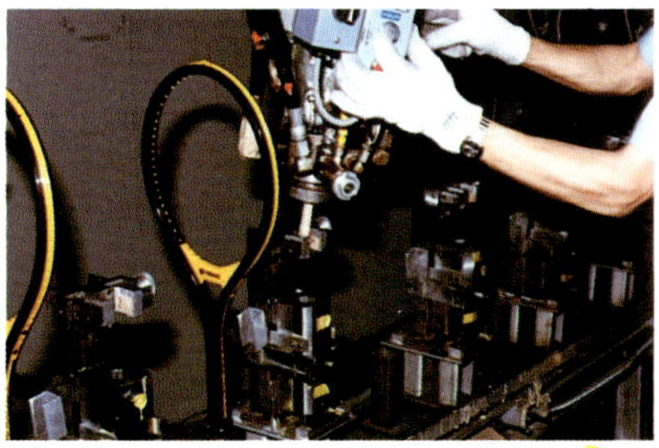

18

19

20

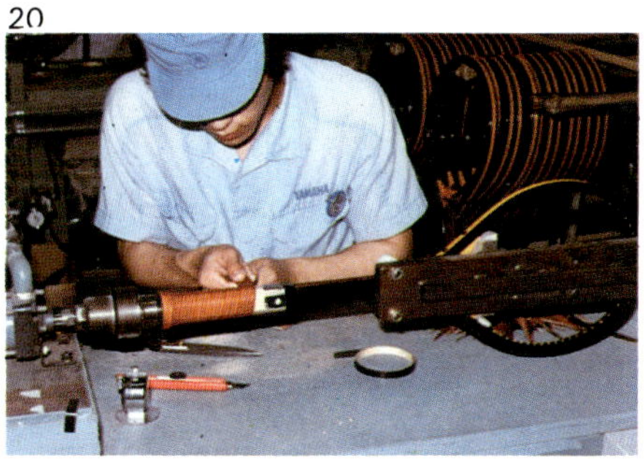

21

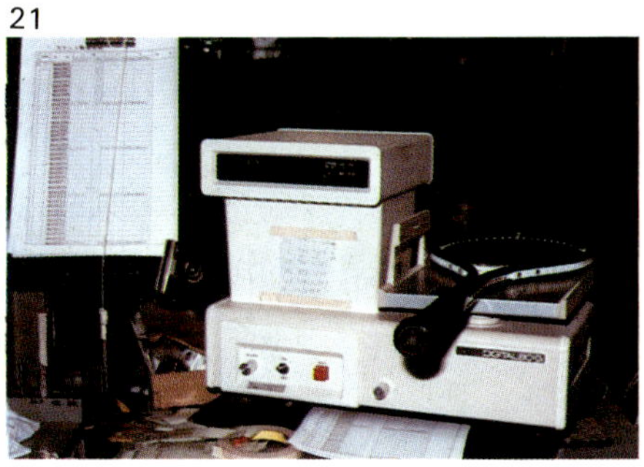

22

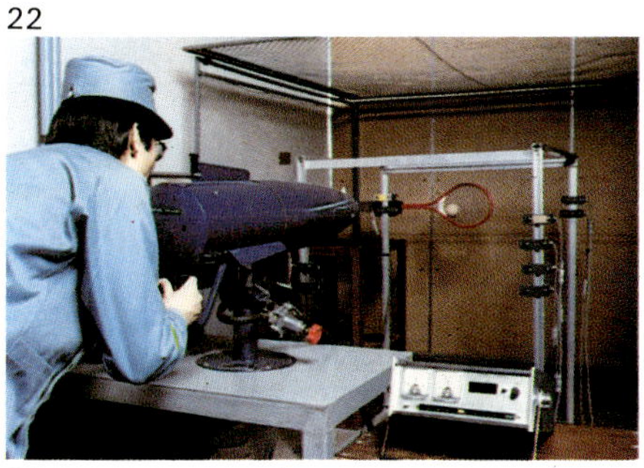

23

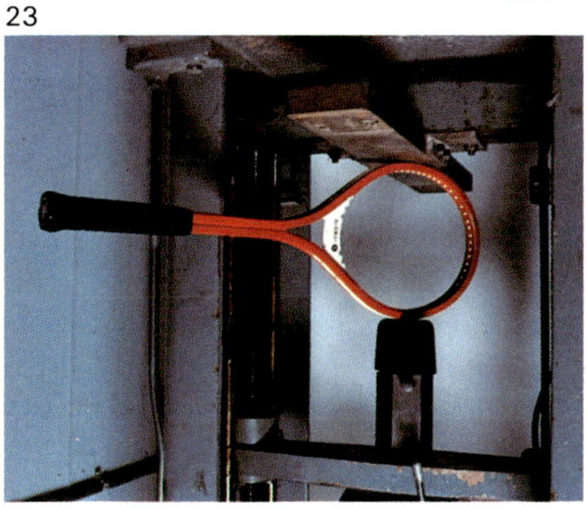

24

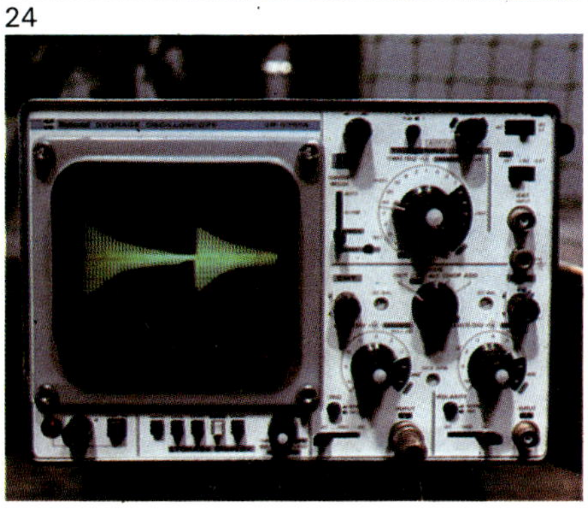

la raquette aux doigts, à la main, au bras et enfin au cerveau. Mais elles doivent être légères, et c'est là qu'on trouve l'importance du sweetspot. Les balles mal centrées engendrent des vibrations violentes qui affectent les nerfs et qui risquent également de rompre de petits vaisseaux capillaires, ce qui entraîne un afflux de sang dans le coude. Vous pouvez voir sur les diagrammes de la page 18 un exemple de coup bien centré, et un exemple de coup excentré.

Avant d'acheter une raquette, il faut également prendre en considération son poids, son équilibre, la taille du grip et la tension du cordage. La vitesse de la balle à l'impact (vélocité) dépend essentiellement de l'équation suivante : vitesse de la tête de raquette multipliée par sa masse et divisée par le poids combiné de la tête de raquette et de la balle.

La « masse » de la tête de raquette est pratiquement l'équivalent de son poids, bien que l'efficacité de ce poids dépende également de la fermeté avec laquelle le joueur serre sa raquette lors de l'impact. Des mesures de rapidité de balles de service entre Pancho Gonzales et Rod Laver ont donné des variations pouvant aller jusqu'à 40 p. cent, alors que tous les facteurs, excepté la fermeté de la prise, étaient identiques. Il est par conséquent très important de serrer convenablement la raquette lors de l'exécution des coups.

La fermeté de la prise dépend de la forme et de la grosseur de l'extrémité du manche de raquette (le grip). Dans l'idéal, ce grip devrait être de forme ronde, mais cela empêcherait le joueur de savoir en permanence quelle est l'orientation exacte de son tamis, de sorte qu'il serait obligé de jeter des regards rapides sur sa raquette avant chaque coup. Le meilleur compromis semble donc être celui du manche de forme octogonale dont le dessus, le dessous et les deux méplats ont la même longueur (voir le dessin page 19).

Les mains de l'homme sont relativement adaptables et les informations fournies sur le dessin de la page précédente en ce qui concerne la grosseur du manche de raquette ont été obtenues à la suite de recherches approfondies. Les enfants de moins de quatorze ans, qui n'ont pas atteint leur taille adulte, ont parfois besoin d'un grip plus petit. Il arrive que les raquettes destinées aux femmes conviennent aux jeunes garçons, mais si vous avez le moindre doute, mieux vaut consulter un professeur.

En examinant les facteurs qui déterminent la vélocité de la balle lorsqu'elle quitte la raquette, vous vous apercevrez que la légèreté a plus d'influence que la masse. Il y a cependant des limites ; essayez de faire reculer le mur de votre maison, puis de pousser une porte bien graissée. Vous pourrez développer une puissance considérable contre le mur sans le faire bouger pour autant. En revanche, si vous poussez ensuite la porte avec la même force, le manque de résistance risque fort de vous faire tomber en avant.

D'une manière générale, on peut considérer qu'une raquette pour homme doit peser entre 354 et 385 g, les raquettes pour femmes étant plus légères d'environ 7 g.

A l'époque des raquettes en bois, la réduction du poids entraînait une perte de puissance. L'arrivée du métal, de la fibre de verre, du graphite, du Kevlar et du boron ont permis de fabriquer des cadres extrêmement résistants pour un poids de 355 g à peine.

Il existe également de nombreux modèles en « composite », qui comprennent plusieurs de ces éléments, parfois associés au bois.

On peut aujourd'hui trouver une grande variété de cadres, des plus rigides aux plus souples. Les cadres rigides donnent une bonne puissance, mais risquent d'imposer une fatigue considérable au bras et à l'épaule. Une raquette plus souple permet une frappe plus douce, mais la puissance est moindre, même si le toucher très doux qu'elle apporte donne parfois une impression de puissance importante.

En termes de puissance, le cordage et sa tension sont beaucoup plus déterminants que les légères différences entre les cadres proposés par les principaux fabricants.

Les cordages naturels sont très souples, et leur élasticité accroît la puissance des coups. Malheureusement, leur prix est deux fois plus élevé que celui de la plupart des cordages synthétiques. Ceux-ci sont moins souples, mais plus résistants, et ils ne craignent pas la pluie. Ils sont également plus durables que les cordages en boyau naturel, notamment les boyaux extrêmement fins utilisés par les champions comme Jimmy Connors, John McEnroe, ou Martina Navratilova par exemple.

Les cordages synthétiques s'améliorent et les meilleurs d'entre eux sont désormais d'aussi bonne qualité que les cordages naturels moyens qui sont généralement utilisés pour les raquettes vendues en magasin. Un joueur de niveau moyen doit d'abord acheter la raquette qui lui convient, puis la faire corder par un spécialiste. Vous pouvez vous adresser pour cela à un professeur, qui vous conseillera également dans le choix de votre raquette. Le matériel ne doit cependant pas devenir une obsession. Les différences entre les produits proposés par les grandes marques sont minimes. Si vous avez des doutes quant au cordage, choisissez un bon cordage synthétique et donnez des instructions précises quant à sa tension.

Dans ce domaine, vous devez tenir compte de deux éléments : tout d'abord, un cordage très tendu donne une puissance moindre, est dangereux pour les muscles du bras, mais permet une légère amélioration du contrôle de balle. Par ailleurs, un cordage très peu tendu accentue l'effet trampoline et donne une grande puissance. McEnroe est célèbre pour son grand contrôle de balle, et ses raquettes sont généralement tendues à 19,5 kg. Chez les champions, c'est sans doute Jimmy Connors qu'il faut imiter. Comme Chris Evert Lloyd, il utilise parfois un modèle Wilson Pro Staff à moyen tamis, mais les raquettes de Chris sont tendues à 30 kg, alors que la tension de Jimmy varie entre 24 et 26 kg. Le poids de sa raquette est de 368,5 g et il fixe des petits rubans de plomb autour du cadre pour obtenir l'équilibre qui lui convient. Le poids total de ses raquettes se situe aux environs de 382,7 g. Henri Leconte utilise également une raquette Head à moyen tamis cordée à 26 kg.

En tant que joueur amateur de niveau moyen, le meilleur choix semble pour vous être le suivant : une raquette à moyen tamis en composite ou en graphite, d'un poids total d'environ 375 g, et relativement souple ; une grosseur de grip calculée en fonction du dessin page 19, un cordage synthétique assez fin et de bonne qualité tendu à 24 kg. Ces données sont valables pour la plupart des hommes et des femmes, mais n'oubliez pas qu'il ne s'agit que d'un ordre d'idée général.

Après l'achat de votre raquette, établissez un budget pour les balles. Leur durée de vie est limitée, surtout si vous jouez sur des courts en ciment au revêtement abrasif, et dès qu'elles sont endommagées, elles deviennent difficiles à contrôler et risquent par conséquent de poser des problèmes à la réalisation de vos coups.

Une heure de jeu rapide sur un terrain dur vous apprendra bien mieux que moi l'importance des chaussettes et des chaussures. Fort heureusement, il existe aujourd'hui une grande variété de matières qui absorbent les chocs et qui sont insérées dans la semelle des chaussures lors de la fabrication, ou qui constituent des semelles amovibles que vous pouvez adapter à vos chaussures. La plupart des joueurs amateurs apprécient les surfaces plus douces, comme la terre battue, mais en tournoi

Ci-dessus : Huit raquettes, qui commencent par le modèle traditionnel en bois pour évoluer dans le sens des aiguilles d'une montre jusqu'à l'innovation la plus récente, le modèle Snauwaert Ergonom.

Ci-contre : Cette joueuse passionnée est l'une des rares qui utilisent la raquette Prince Boron, la plus chère du monde (environ 5 500 F).

Ci-dessous : La tension du cordage s'évalue en kilos, simulés ici par les poids tendus aux extrémités de la corde. En fait, on utilise généralement des ressorts ou des leviers pour obtenir une bonne tension.

vous risquez fort de devoir jouer sur des terrains très durs ; c'est alors que vous apprécierez réellement ces semelles.

Les fabricants de chaussures attachent de plus en plus d'attention au soutien et au confort du pied. Dans ce domaine, la solution la plus intéressante semble être celle de la semelle intérieure « interface ». Elle est composée de quatre matières superposées. La couche supérieure est faite d'un cuir spécial appelé Mycostop. La deuxième est une matière thermoplastique, qui se modifie sous l'effet de la chaleur et s'adapte à la morphologie du pied. La troisième couche est faite d'aluminium, et apporte une bonne isolation thermique. Enfin, la quatrième couche est en contact avec la semelle et possède de grandes qualités isolantes.

Le pied imprime son empreinte sur la semelle intérieure en fonction de la forme de la chaussure. Sous les points de pression du pied, la matière se tasse, mais elle reste souple ailleurs. Ainsi, la zone située entre les orteils et le talon apporte un soutien supplémentaire. Ces semelles particulières éliminent pratiquement les points de pression excessive sous le pied et sont également très recommandées sur le plan de la tension artérielle ; par ailleurs, la fatigue du pied est nettement amoindrie par l'utilisation de ces nouvelles matières. Lorsque vous achèterez des chaussures, vous devrez donc penser que votre pied a besoin à la fois de confort et de soutien.

On peut maintenant jouer au tennis sur un grand nombre de surfaces différentes, qui donnent aux chaussures des prises très diverses, et cela peut modifier le style de votre course. Certaines surfaces autorisent des glissades, alors que d'autres stoppent brutalement les pieds ou sont très résistantes aux mouvements de pivot.

Considérez le type de surface sur laquelle vous jouerez le plus souvent, et achetez vos chaussures en fonction de ce critère. Si vous jouez beaucoup et sur plusieurs surfaces, vous pouvez envisager l'achat de plusieurs paires de chaussures, chacune étant adaptée à une surface particulière.

Les vêtements sont coûteux, et il faut acheter en priorité un pull-over et un survêtement chaud que vous porterez après avoir joué — toujours immédiatement en sortant du court —, et avant de jouer s'il fait vraiment froid. Les muscles et les ligaments froids sont en effet très sujets aux blessures, en particulier s'ils ont été échauffés par la pratique intensive du sport et s'ils se refroidissent trop rapidement ensuite.

Les chemises et les shorts doivent être bien coupés et suffisamment amples pour permettre des mouvement faciles. Le tissu doit être absorbant et facilement lavable. Les vêtements, les chaussettes et les chaussures doivent toujours être impeccables, non seulement pour l'apparence, mais pour le bien-être psychologique du joueur.

La prestance est un facteur important de la solidité mentale, et une allure élégante augmente votre efficacité sur le court. S'il est certain qu'une bonne apparence extérieure fortifie la confiance en soi, une allure négligée entraîne en revanche souvent un jeu tout aussi négligé, et nuit à votre progression et à votre réussite.

Même si vous vous sentez très nerveux, vous ne devez jamais le laisser paraître. Sans vous habiller de manière excentrique ou tapageuse, soyez élégant, soigné et assez fier de vous. Considérez cela comme une manière de rendre honneur au sport que vous pratiquez et de vous souvenir que vous représentez l'essence de l'idéal olympique.

LES COUPS DE BASE

A tort ou à raison, j'ai acquis au fil des années la réputation de savoir donner confiance aux autres. Si c'est vrai, cela vient d'une équation que j'ai formulée il y a de nombreuses années, et à laquelle j'ai toujours cru, ainsi que de mon aptitude à convaincre les autres de la validité de celle-ci.

Je l'appelle « la formule des trois C », et en voici l'énoncé : « La réussite en compétition s'acquiert grâce à la confiance, et la confiance naît de la compétence. »

Naturellement, un champion expérimenté réussit parfois à remporter un match, voire un tournoi, uniquement « au bluff », mais la confiance véritable et durable ne peut s'obtenir que si on maîtrise la technique des coups aussi bien que celle de la discipline, de la solidité mentale et du self-control. Cela ne doit pas vous effrayer, bien au contraire. En effet, le joueur le plus maladroit et le plus pessimiste peut améliorer considérablement sa technique et prendre progressivement confiance en se disant que des qualités telles que la concentration, l'anticipation et la volonté peuvent s'acquérir. Certaines personnes chanceuses ont une telle faculté d'assimilation qu'elles ont l'impression d'être nées avec ces qualités, mais aussi facile que cela paraisse, elles ont tout de même dû passer par le stade de l'apprentissage.

Je ne veux pas créer de confusion entre la psychologie et les émotions, qui ne sont qu'une partie de la personnalité. Il s'agit plutôt d'un mélange de dons innés, d'environnement, de confiance et de philosophie personnelle de l'existence. Mon expérience m'a appris que d'une manière générale, l'autodiscipline mise en œuvre pour une amélioration des performances, qu'il s'agisse du tennis ou de toute autre activité, entraîne une prise de conscience accrue. Cette prise de conscience vous donne à son tour un comportement beaucoup plus serein et plus tranquille. La recherche de la perfection semble également exercer une influence favorable sur la santé et la longévité.

Cela peut sembler un préambule bien étrange pour un ouvrage consacré à la technique et à la tactique du tennis, pourtant le simple fait que vous ayez lu ce livre jusqu'ici prouve bien que vous désirez retirer du tennis davantage qu'une heure de distraction de temps à autre. Bien sûr, la course sur le court et la frappe des balles doivent améliorer votre santé physique, mais le tennis peut offrir davantage, et après ce que je viens de vous expliquer,

Ci-dessous : Les balles de tennis subissent des tests en matière de régularité du rebond. Cependant, lors d'un match, il arrive que le rebond varie de quelques centimètres d'un coup à l'autre. Ce joueur garde les yeux fixés sur la balle jusqu'à ce que celle-ci frappe sa raquette.

1

2

1 et 2. Mieux vous contrôlez votre raquette, plus vos coups seront efficaces. Développez cette maîtrise en faisant rebondir la balle sur le tranchant de votre raquette.

3. La meilleure prise de coup droit, dite prise « Eastern » ou « prise poignée de main ». Prenez votre grip de raquette comme si vous serriez la main à un ami.

4. La prise de revers usuelle. Vous pouvez constater que le « V » formé par le pouce et l'index se trouve sur le dessus du grip, légèrement vers le joueur. Tendez légèrement votre pouce pour stabiliser votre prise.

3

4

vous avez peut-être envie d'en savoir un peu plus.

La réalisation d'ambitions précises et raisonnables mène à des ambitions plus élevées, et ainsi de suite, étape par étape. Dans ces conditions, il serait regrettable de parvenir à votre premier objectif d'une manière nuisible à vos buts futurs, qui seraient à des années-lumière de vos pensées. Pour vous aider dans votre progression, j'ai anticipé votre désir de progresser sur l'échelle de la réussite avec régularité, et j'ai mis au point quelques conseils qui vous inciteront à pousser davantage vos efforts et à vous fixer des objectifs plus ambitieux. Si vous voulez tirer bénéfice de ces conseils, vous devrez utiliser votre cerveau autant que votre corps. Pour répéter ce que j'ai dit précisément, c'est vous seul qui pouvez réussir, et mon rôle est simplement celui d'un guide.

La technique

Passons donc à la première étape de la technique. Il s'agit d'une description du rôle du corps dans le tennis et de son importance tout aussi grande pour tous les autres coups que vous apprendrez.

Commençons par la tête et les yeux. Ils sont avant tout utilisés pour « regarder la

Ci-contre : Le revers, à une ou à deux mains, est un coup lors duquel le bras directeur passe devant le corps. Ici, la joueuse droitière exécute un revers à deux mains.

Ci-dessus et ci-contre : Une utilisation raisonnable des effets peut poser des problèmes à vos adversaires. Vous pouvez voir ici Angela Buxton qui imprime un effet coupé à la balle en faisant passer sa raquette sous la balle, avec le tamis légèrement incliné pour assurer la précision de son coup.

balle », un ordre souvent répété par la plupart des professeurs. Malheureusement, ce conseil n'est pas judicieux, et dans le cas du tennis, il a tendance à nuire à la mobilité.

Le tennis est un sport de mouvement constant, dans lequel il s'agit de renvoyer une balle. Pourtant, si on examine le comportement des balles de tennis, on s'aperçoit qu'elles sont aussi imprévisibles qu'un petit chat farceur. La Fédération internationale de Tennis, qui régit le jeu, stipule que la balle doit avoir « un coefficient de restitution de 0,75 ». Cela signifie qu'une balle qui tombe sur une surface de béton depuis une hauteur de 4 m doit avoir un rebond de 3 m. Prenez trois balles réglementaires en main, laissez-les tomber simultanément depuis le niveau de votre tête, et regardez bien leur rebond. Selon toute probabilité, chacune d'elles rebondira à une hauteur différente. L'écart ne sera sans doute pas très important, quelques centimètres tout au plus. Dans ces conditions, il faut absolument garder les yeux fixés sur la balle, depuis son rebond devant vous jusqu'à la raquette de votre adversaire. Si vous relâchez votre attention, le rebond ne sera sans doute pas exactement tel que vous l'attendiez, et votre balle sera mal centrée et manquera de puissance et de précision. Un nombre excessif de ces coups excentrés, même légèrement, impose au bras une fatigue considérable qui peut entraîner l'apparition du tristement célèbre tennis-elbow.

De plus, si vous ne vous concentrez pas suffisamment sur la balle, vous risquez de mal juger sa longueur, c'est pourquoi vous devez si souvent plonger vers l'avant pour reprendre des balles que vous ne pensiez pas si courtes.

Il s'agit par conséquent d'acquérir une habitude. Regardez attentivement la balle depuis son rebond jusqu'à son impact dans votre raquette, en veillant à vous placer correctement pour exécuter votre coup. Même après la frappe, gardez les yeux fixés sur le point d'impact pour éviter les mouvements trop brusques qui risqueraient de modifier la trajectoire de votre coup.

Pour avoir une vision précise de la balle, baissez légèrement la tête vers votre raquette dans la zone dite « d'accélération », c'est-à-dire dans la trentaine de centimètres que traverse votre raquette immédiatement avant, pendant et après la frappe. De même, pour exécuter chacun de vos coups, essayez de reprendre la balle à la hauteur de rebond qui vous convient le mieux.

Pour respecter le principe de l'esprit sain dans un corps sain, n'oubliez pas que pour être bien clair, votre esprit doit aussi être bien informé lorsque vous disputez un match. Pour cela, vous aurez besoin de conseils précis et éclairés et mis au service d'une technique complète et sans faille.

La technique elle-même varie en fonction des individus, mais il existe tout de même certains principes fondamentaux qu'il faut maîtriser. Il serait sans doute utopique d'attendre de tous les joueurs qu'ils appliquent ces principes à la lettre, mais vous devez consacrer toutes vos capacités et tout votre pouvoir de concentration à la réalisation de votre potentiel maximal, ou de votre compétence maximale.

1

2

3

Ci-dessus : Quelques exemples typiques de la technique que l'on peut trouver chez les débutants. Comparez la « prise marteau » utilisée ici par Angela Buxton avec la prise « poignée de main » conseillée page 25. La photo 1 représente un revers de débutant, où il s'agit simplement de pousser la balle, et qui risque d'entraîner des blessures au coude.

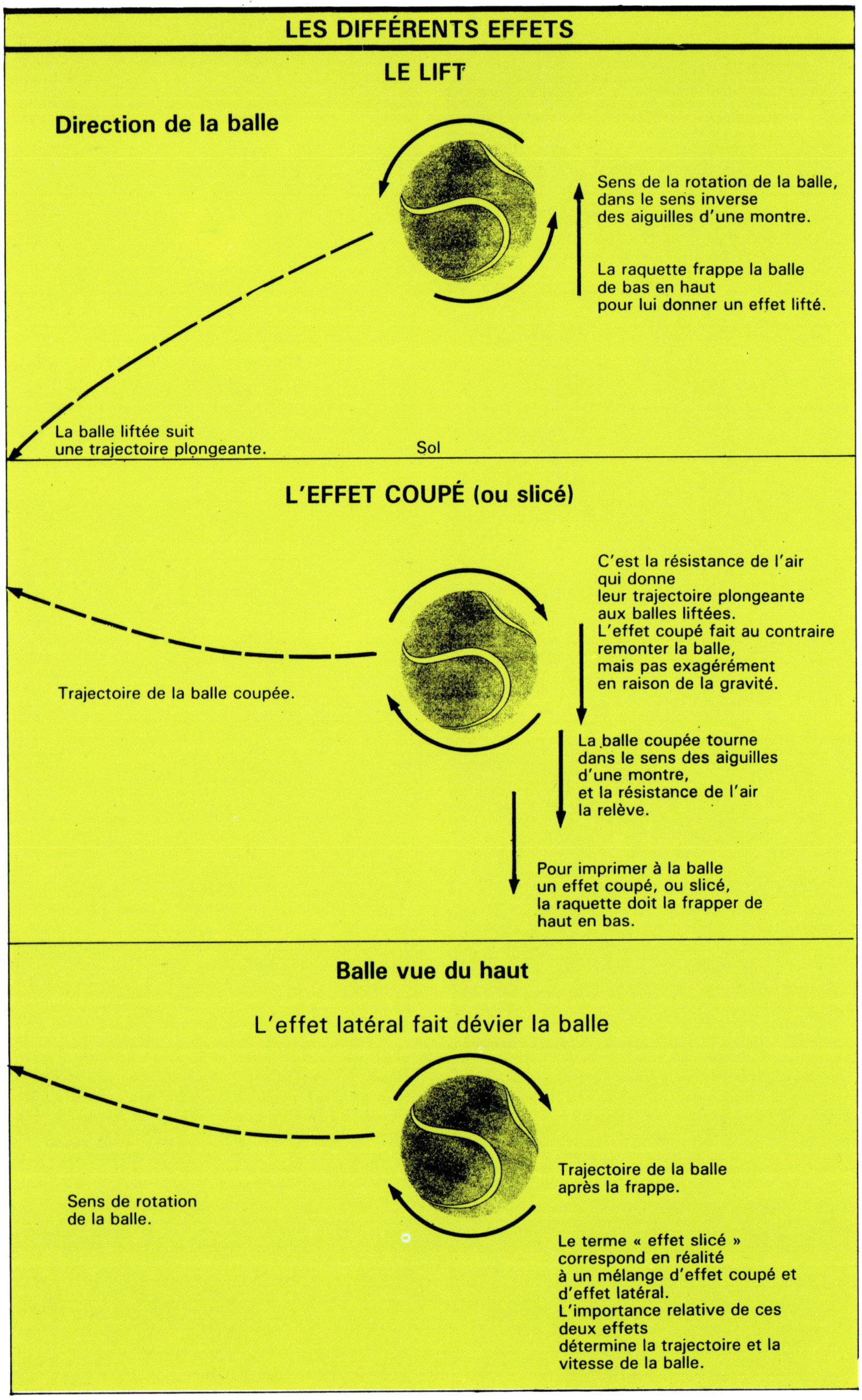

Ces efforts se justifient par ma « formule des trois C », que j'ai déjà énoncée : « La réussite en compétition s'acquiert grâce à la confiance, et la confiance naît de la compétence. » Je vous expliquerai un peu plus tard pourquoi la compétence technique ne représente que trente p. cent des qualités requises chez un champion. Quoi qu'il en soit, moins il y a de failles dans cet ensemble de qualités, plus vos adversaires ou les circonstances auront du mal à miner votre confiance en vous.

Examinons maintenant quelques points particulièrement importants pour l'acquisition d'une bonne technique, et commençons par certaines règles de physiologie élémentaire.

Ce sont les muscles qui produisent la puissance chez l'être humain. Les muscles sont « alimentés » par l'énergie chimique dérivée de la nourriture ingérée. Ce processus d'absorption et d'élimination nécessite de l'oxygène. Celui-ci est aspiré dans l'air ambiant et véhiculé dans le sang jusqu'aux muscles.

L'entraînement doit comporter de nombreux exercices destinés à accroître l'absorption d'oxygène et le rythme de son utilisation par les muscles. Plus ce rythme sera élevé, plus vous serez capable de faire preuve d'une grande vivacité de mouvements pendant tout un match.

L'absorption d'un litre d'oxygène par minute se convertit en un rendement d'environ 75 W : 750 W correspondent à un cheval-vapeur. Un athlète de haut niveau peut accroître son absorption d'oxygène jusqu'aux environs de quatre litres par minute. Un champion olympique pourrait peut-être atteindre 5,5 l. Par conséquent, la production d'énergie par le corps humain ne peut excéder 300 à 400 W. Cette déduction théorique a d'ailleurs été confirmée par des tests.

Après le repos, les muscles eux-mêmes possèdent un stock d'une substance chimique, le glycogène, dont ils peuvent tirer de l'oxygène. Ces réserves sont utilisées pour les dépenses brutales et rapides d'énergie, comme l'exécution d'un service puissant. Les réserves d'énergie peuvent produire environ 450 W pendant une minute. Les sécrétions musculaires permettent la production d'une puissance considérable pendant une période très brève. C'est ainsi qu'un sauteur en hauteur produit 3 000 W pendant la fraction de seconde où il s'élève du sol, ou qu'un grand serveur comme Kevin Curren dépense la même quantité d'énergie pour déclencher l'un de ses services chronométrés à 225 km/h.

Ainsi, pour les mouvements très rapides (moins d'une seconde), la puissance dépend de la quantité de muscles qui sont mis en action et de l'efficacité avec laquelle ils sont utilisés. Plus la masse musculaire est importante, plus le potentiel de puissance pour un mouvement simple et bref est élevé.

Un chercheur célèbre dans ce domaine, D.R. Wilkie, estime que des muscles utilisés au maximum de leur efficacité sont capables d'un rendement de 250 W environ par kilogramme déployé. Chez une personne moyenne de 73 kg, la masse musculaire représente environ 30 kg, dont 13 kg au-dessus de la taille, et 17 sous la taille, avec une concentration plus élevée dans la région de l'aine, où les muscles sont particulièrement développés.

Ainsi, c'est dans les jambes et les cuisses que se trouvent les muscles les plus puissants. Elles sont donc une source de force considérable, et il n'est pas étonnant que le grand champion Jack Nicklaus affirme que c'est avec les jambes que l'on frappe une balle de golf.

Pour développer une puissance maximale, deux conditions sont requises :

1. Tous les muscles doivent fonctionner avec une efficacité optimale.

2. Chaque groupe musculaire doit entrer en action exactement au moment opportun.

Lorsqu'on évoque la puissance musculaire, il faut prendre en considération plusieurs éléments. Un muscle est composé d'un certain nombre de fibres liées. Un quart environ de ces fibres concernent la vitesse ; tout dépend bien sûr de la taille du muscle lui-même, mais il est très difficile d'accroître cette vitesse de base. Un entraînement sérieux et régulier peut sans aucun doute contribuer à améliorer les qualités de déplacement, mais seulement dans les limites physiques qui sont les vôtres.

Le reste de la masse musculaire est fait de fibres déterminant l'endurance et la force, ainsi que tissu appelé sarcoplasme, dans lequel les fibres sont implantées.

Lors des sprints et des mouvements rapides, la puissance qui peut être développée est proportionnelle à la dimension des muscles concernés, mais le volume qui peut être déplacé est proportionnel à la taille totale des tissus — soit à votre taille. C'est pourquoi les joueurs relativement petits sont avantagés. Cependant, les membres très allongés permettent un abattage supérieur. Les joueurs très grands peuvent donc réduire leur handicap en amoindrissant le poids du haut de leur corps, tandis que les joueurs très petits peuvent améliorer leur déplacement grâce à des exercices appropriés, notamment le yoga.

Réfléchissons maintenant aux différents éléments qui déterminent la rapidité de la tête de raquette, extrêmement importante pour la puissance des coups :

1. La cassure du poignet à la frappe.
2. La vitesse du mouvement du bras.
3. Le déplacement en avant lors de la frappe.
4. La rotation du corps.

Votre déplacement vers l'avant dépend dans une certaine mesure de la balle de l'adversaire. S'il s'agit d'un lob lifté très profond, vous êtes pratiquement obligé de reculer, par conséquent vous ne pouvez mettre ce principe en application. En revanche, les balles courtes permettent un mouvement fluide qui produit un coup exécuté sans décélération et en avançant vers le filet.

Le mouvement du bras est un élément essentiel, mais la vitesse qu'il génère peut être neutralisée par un manque de fermeté de la prise de raquette, qui entraîne une perte de la masse de la tête de raquette. La vitesse maximale que l'on peut atteindre avec le bras est de l'ordre de 112 km/h ; ainsi, pour obtenir un coup parfaitement

Angela Buxton fait ici rebondir la balle sur le tamis de sa raquette en la brossant de haut en bas, puis de bas en haut, afin de bien maîtriser les différents effets et d'améliorer son contrôle de raquette. L'effet peut être une arme très utile pour contrer la puissance et la précision de l'adversaire.

contrôlé et extrêmement rapide, il est nécessaire de faire pivoter l'ensemble de votre corps.

La rotation du corps fait appel aux muscles très puissants situés dans la région de l'aine. Ces muscles sont relativement lourds, ce qui pose le problème de l'inertie. Prenons un exemple : pour déplacer un rouleau à gazon, il faut produire un mouvement assez violent, mais lorsque le rouleau est lancé, il est facile de le pousser régulièrement ; de la même manière, pour exécuter des coups fluides, efficaces et puissants, il faut commencer à faire pivoter votre corps avant d'accélérer votre bras.

L'utilisation des coups de poignet pour orienter la balle est une technique réservée aux bons joueurs, et qu'il faut aborder avec prudence. En effet, si votre coup est mal maîtrisé, vous risquez de produire un mouvement extrêmement saccadé, et non le coup droit parfaitement rythmé et si peu orthodoxe de Bjorn Borg.

Je ne suis pas le seul à insister sur l'importance du pivot rapide du corps pour exécuter un coup. C'est également l'opinion de certains grands champions dans d'autres disciplines, notamment Jack Nicklaus pour le golf.

Je voudrais maintenant examiner l'importance de la stabilité du corps au moment de l'exécution d'un coup. La grande majorité des joueurs et des professeurs pensent simplement qu'il faut se trouver dans une position statique pour produire l'accélération vers l'avant qui précède la frappe. Qu'en est-il vraiment ?

Une position statique n'est qu'une étape intermédiaire dans un mouvement général. L'arrêt brutal dans une course risque de donner un coup saccadé. Ici, Andrew fait la démonstration d'un jeu de jambes et d'un équilibre parfaitement calculés qui lui permettent d'exécuter un coup fluide et souple. S'il s'arrêtait brusquement au niveau de la quatrième photo, il briserait son élan et risquerait de commettre une erreur.

Dans le cas de la frappe en position statique, le corps du joueur accélère plus vite, puis s'immobilise brutalement avant d'accélérer de nouveau pour se replacer convenablement. Comme dans le cas de la rotation du corps, l'inertie entre ici en considération.

Il faut déployer un effort très important pour produire l'accélération rapide qui vous permettra de vous placer pour frapper la balle dans une position immobile, en ayant brusquement freiné votre course. Après la frappe, il faut de nouveau faire un effort pour vaincre l'inertie une troisième fois.

Si le coup adverse n'est pas trop puissant ni trop bien placé, vous pouvez avoir suffisamment de temps pour ralentir, puis reprendre votre course sans interrompre votre mouvement.

Ci-dessus et ci-contre : La démonstration d'un jeu de jambes parfait et d'un excellent équilibre de la tête et du corps. Remarquez les petits pas d'ajustement qui permettent au joueur de se placer à la position la plus favorable pour frapper. Il baisse la tête vers la balle, ce qui entraîne automatiquement un fléchissement de son corps et de ses genoux. La rotation du corps augmente la vitesse de la tête de raquette et accroît la puissance du coup. Le mouvement du tamis vers le haut donne à la balle un effet lifté.

Malheureusement, il est rare que l'adversaire soit assez gentil pour placer sa balle exactement à l'endroit qui vous permet d'exécuter votre coup avec un maximum de temps et en toute sécurité. Le plus souvent, il risque d'envoyer la balle dans l'angle opposé du terrain et d'aggraver encore votre situation en prenant une position offensive sur le court, généralement par une montée au filet.

Par conséquent, vous devez courir à toute vitesse. Dans cette situation, il est extrêmement difficile de freiner brusquement pour frapper la balle sans produire des gestes désordonnés. Or, ce n'est pas le cas si vous parvenez à maintenir une vitesse de course constante jusqu'à la fin de

Ci-contre et ci-dessous : Le tennis de haut niveau exige une grande mobilité et une précision considérable dans le placement. Regardez Angela Buxton ici : elle lance son pied droit vers l'avant, en direction de la balle, et elle transfère tout le poids de son corps en avant tout en propulsant sa raquette vers la balle. Elle utilise son bras gauche pour stabiliser son équilibre et accroître la rotation de 90 degrés du haut de son corps qui donne de la puissance à son coup. Là encore, ses yeux sont fixés en permanence sur la balle.

l'exécution de votre coup, en ne pivotant qu'après votre accompagnement. Les champions ne se tournent que lorsque leur raquette quitte la zone dite d'accélération.

En termes physiques, l'immobilité n'est qu'une phase particulière du mouvement, et la course fluide en est une autre. Les coups du tennis sont généralement difficiles à acquérir, c'est pourquoi de nombreux professeurs ont pris l'habitude de placer les débutants de côté par rapport au filet avant de leur adresser des balles lentes et précises, de façon qu'ils puissent frapper sans avoir à courir. Cette habitude s'ancre très rapidement chez les joueurs, et lorsqu'on leur parle par la suite de « stabilité du corps au moment de la frappe », ils mettent en pratique le freinage brutal qui précède la frappe, suivi d'une accélération rapide. Cette solution est bien sûr très néfaste à leur jeu.

Une bonne rotation du corps, et une course correcte constituent un prélude satisfaisant à l'accélération de la raquette, mais comme lors de la phase préparatoire, ce mouvement risque tout de même d'être suivi d'un coup mal réussi.

Nous en revenons ici au concept de la puissance. Celle-ci est proportionnelle à la vélocité de la tête de raquette au moment de l'impact. Trop souvent, les joueurs, et en particulier les amateurs, cherchent systématiquement à frapper leurs coups de plus en plus fort. Ils comprennent que pour frapper avec puissance, il faut avoir un mouvement d'accélération rapide.

En revanche, ce qu'ils ne comprennent pas toujours, c'est qu'un début d'accélération extrêmement rapide est généralement suivi d'un ralentissement de la tête de raquette juste avant la frappe. Par conséquent, vous devez concentrer tous vos efforts sur la zone d'accélération de la raquette (une trentaine de centimètres), qui précède et qui suit immédiatement la frappe.

Réfléchissons un instant. La raquette peut-elle avoir une quelconque influence sur la balle lorsqu'elle n'est pas en contact avec celle-ci ? De toute évidence, la

Ci-contre : C'est grâce à un bon jeu de jambes et à un parfait équilibre que cette jeune joueuse réussit un admirable revers d'attaque. Remarquez la synchronisation de son mouvement, son excellent placement et la manière dont elle utilise sa tête pour diriger ses jambes, et l'ensemble de son corps.

Ci-dessus : La puissance exige une bonne coordination et une forte action du corps. Avant la frappe, vous pouvez constater ici que le joueur exécute une préparation très précoce et s'élance rapidement vers l'avant. De plus, son jeu de jambes est parfaitement coordonné avec le mouvement de sa raquette. Enfin, la rotation de son corps donne sa puissance à son coup. La vitesse de sa raquette est due à trois éléments : l'élan vers l'avant, la rotation du corps et l'accélération du bras.

réponse est négative. Ainsi, la partie essentielle d'un coup est la seule zone d'accélération. Si celle-ci est traversée correctement, le coup est réussi. La préparation et l'accompagnement ont pour but d'assurer une efficacité maximale dans la zone d'accélération.

Les débutants dont la raquette ralentit juste avant la frappe amoindrissent leurs chances. Vous devez constamment chercher à exécuter un mouvement harmonieux : une préparation précoce suivie d'un mouvement vers l'avant et d'une accélération de la raquette qui atteint son niveau maximum au moment de l'impact avec la balle. N'oubliez pas que votre objectif doit être une préparation lente et une frappe rapide, et non une préparation rapide suivie d'un ralentissement avant la frappe.

On comprend mieux encore l'importance de la zone d'accélération lorsqu'on sait combien le contact entre la raquette et la balle est bref. En moyenne, chez un débutant, un amateur ou même un bon joueur, la balle reste sur la raquette pendant environ 3,3 millièmes de seconde. En revanche, chez un champion comme Jimmy Connors, le contrôle du mouvement de la raquette dans la zone d'accélération est tel que la balle reste en contact avec le cordage durant environ 5,1 millièmes de seconde.

Même si cela paraît également très bref, c'est équivalent à une progression de 54 p. cent, qui représente un avantage considérable pour le joueur. Le champion bénéficie alors de plus de temps pour « sentir » la balle dans son cordage, par l'intermédiaire des informations transmises par les doigts au cerveau.

En ce qui concerne la puissance, là encore, le très bon joueur possède davantage de temps pour accélérer la balle, et le principe immortel d'Einstein affirme bien que la force est égale à la masse inerte multipliée par l'accélération.

Cette importance de l'accélération de la tête de raquette lors de l'impact explique d'elle-même la valeur d'un accompagnement complet sur chaque coup. L'accom-

Ci-dessus et ci-contre : 70 % environ des coups de votre adversaire rebondissent dans votre « zone cadeau » : un cercle d'une dizaine de mètres carrés dont le centre correspond à l'intersection de la ligne de service et de la ligne médiane. Vous ne devez pas hésiter à attaquer ces balles. Si vous tentez de le faire en utilisant seulement votre bras, vous aurez du mal à tenir correctement votre raquette et vous risquez de commettre des erreurs. Il est préférable de produire un élan général vers l'avant par une course suivie d'une rotation du corps et d'un bon accompagnement. Vous pouvez voir ici l'orientation de la tête et des yeux d'Angela Buxton, qui ne s'immobilise pas pour frapper la balle. Mieux vaut maîtriser son équilibre et effectuer une course fluide et bien coordonnée pour négocier les balles de ce genre.

pagnement en lui-même n'exerce pas une influence directe sur la balle, qui a alors quitté la raquette. Cependant, ce mouvement permet à la raquette de continuer à accélérer après la frappe.

L'accompagnement doit s'effectuer dans le sens de la trajectoire de la balle, et sur le même niveau que la balle. Pour cela, votre tête et vos yeux doivent rester sur un plan plus bas que vos épaules. *Il faut à tout prix résister à l'envie de se redresser brusquement pour voir où va la balle.* Ne levez les yeux que quand votre accompagnement est terminé, car ce mouvement brutal rendrait inutile la préparation soigneuse de votre coup qui a précédé. En fait, ce point est si important que je vous conseille d'orienter délibérément votre tête et votre regard vers la balle lors de la phase d'accélération de votre raquette.

Revenons à la durée du contact entre la raquette et la balle : l'avantage de 50 p. cent dont bénéficie Connors par rapport à la plupart des autres joueurs devrait vous inciter à tenter de « traverser la balle », comme on dit dans le jargon du tennis. Il s'agit d'aligner la trajectoire de votre raquette de manière à frapper la balle exactement sur le plan où elle se trouvait en franchissant le filet.

Cela exige naturellement une bonne technique. Lorsque vous exécutez un coup, essayez de visualiser la balle dans votre cordage au moment où elle s'écrase avant de reprendre sa forme initiale pour repartir vers votre adversaire.

Une telle déformation de la balle se produit parfois sur les coups parfaitement centrés et lorsqu'on utilise des balles sans pression. Vous pouvez également imaginer que vous continuez à frapper la balle lors de votre accompagnement.

Il s'ensuit que la durée du contact entre la raquette et la balle varie entre 3,5 et 5,1 millièmes de seconde. Dans ce dernier cas, les sensations de toucher sont étonnamment fortes. Malgré tout, elles ne sauraient influencer directement votre coup, car au moment où ces impressions sont transmises par le système nerveux au

Le lift est une arme essentielle dans le tennis de haut niveau. Pour donner à la balle un effet lifté, il faut la frapper de bas en haut. Ce mouvement peut être effectué par le bras ou le poignet, ou plus généralement par les deux à la fois, comme vous pouvez le voir sur ces deux pages. L'accompagnement puissant et vers le haut risque toutefois de vous faire sursauter et d'entraîner des erreurs. Ivan Lendl (en bas, à droite) contrôle la balle en lui donnant un effet coupé, c'est-à-dire en frappant de haut en bas.

cerveau, la balle est déjà repartie, et vous ne pouvez plus modifier votre coup.

Naturellement, cela augmente le besoin d'une concentration maximale lors de l'exécution du coup. Dans ce cas, vous pouvez établir le rapport entre les sensations que vous ressentez et l'efficacité de votre coup, et vous parviendrez à apporter à votre mouvement les modifications nécessaires la prochaine fois que vous devrez effectuer un coup similaire. Si vous ne parvenez pas à vous imposer cette concentration profonde, vous avez très peu de chances de réussir un coup plus efficace par la suite.

Je dois souligner ici que le travail de détail doit être entrepris très sérieusement et intelligemment à l'entraînement — mais uniquement lors des séances de travail des coups particuliers. Lorsque vous commencez à disputer un match, oubliez les détails techniques et concentrez-vous exclusivement pour gagner chaque point que vous disputez. Compétition et victoire doivent être synonymes dans votre esprit.

Faites confiance à votre corps pour reproduire automatiquement tous les mouvements que vous avez travaillés si sérieusement. Cela ressemble un peu à la conduite d'une automobile. La voiture avance d'elle-même, le conducteur se concentrant sur la circulation, les piétons, etc., et n'apportant qu'une petite correction de direction de temps à autre lorsque les circonstances l'exigent. Faites confiance à votre corps, mais veillez aussi à pouvoir compter sur lui grâce à un entraînement sérieux.

Jusqu'à présent, ce chapitre n'est composé que de deux mille mots environ. Dans un match, vous devrez mettre en application le contenu de ces deux mille mots en une ou deux secondes. Le temps est très limité et extrêmement précieux. Chaque dixième de seconde que vous pou-

Ci-dessus : Le coup droit coupé est un coup assez rarement utilisé. Il peut servir de coup d'approche, car la balle rebondissant très bas, l'adversaire a du mal à ajuster un passing-shot efficace. La raquette a par ailleurs tendance à diriger la balle de l'intérieur (près du corps) vers l'extérieur (accompagnement ample), ce qui donne à la balle un effet latéral de gauche à droite.

vez gagner est autant d'argent sur votre compte en banque si vous êtes un joueur professsionnel. Les quelques exemples qui suivent suffiront à vous le prouver.

Sur les coups rapides, la balle arrive sur la ligne de fond de court opposée en environ 6 à 7 dixièmes de seconde. Avez-vous le temps de voir où va la balle après que l'adversaire l'a frappée, puis de vous placer pour exécuter un coup normal ? Jugez par vous-même.

Si votre « temps de réaction » (la rapidité de vos réflexes) — c'est-à-dire le temps qu'il vous faut pour voir ce qui se passe, transmettre cette information à votre cerveau, et pour que celui-ci déclenche l'action des muscles appropriés — est égal à ceux de Bjorn Borg, Ken Rosewall ou Jimmy Connors, deux dixièmes de seconde doivent vous suffire. Les pilotes de Formule 1 possèdent également un temps de réaction de cet ordre. Cependant, les personnes qui réagissent en quatre dixièmes de seconde sont encore considérées comme assez rapides.

Vous êtes vif, par conséquent, supposons que vous soyez à mi-chemin entre la vitesse des grands champions et une vitesse relativement élevée, et que votre temps de réaction soit de trois dixièmes de seconde. Supposons ensuite que le temps qu'il vous faut pour déclencher votre mouvement jusqu'à l'impact avec la balle soit de neuf dixièmes de seconde, où en sommes-nous ? Trois dixièmes de seconde pour réagir, et neuf dixièmes de seconde pour amener votre raquette jusqu'au point d'impact, soit un total de 1,2 seconde. Si votre

adversaire est puissant, sa balle passera devant vous en neuf dixièmes de seconde environ, soit trois dixièmes de seconde avant que votre raquette n'arrive au point d'impact, en supposant que votre boucle de préparation ne soit pas exagérément ample. Dans ces conditions, il est donc indispensable de savoir « lire », ou anticiper la direction de la balle *avant* qu'elle n'ait été frappée par l'adversaire si vous rêvez de devenir l'égal d'un Rosewall en matière de rapidité.

Naturellement, toutes les balles n'avancent pas à une telle vitesse, mais il est très souvent nécessaire d'anticiper la trajectoire de la balle avant la frappe de l'adversaire. Les techniques permettant d'y parvenir sont expliquées en détails aux pages 64 et 65.

Il existe deux autres aspects du temps de réaction qu'il faut bien comprendre. Tout d'abord, le temps de réaction est lié à l'addition des stimuli visuels et auditifs ; par conséquent, si vous deveniez sourd, votre temps de réaction serait augmenté d'environ vingt-cinq p. cent.

De plus, il ne faut pas oublier cette tactique très efficace appelée « contre-pied ». Le cerveau ne peut traiter qu'une information à la fois. Si cette information est brusquement modifiée, elle doit tout d'abord être annulée, un peu comme sur une calculatrice électronique, avant que le cerveau puisse traiter l'instruction suivante. Les tests que j'ai fait subir à de nombreux joueurs ont donné des résultats assez variés, mais un retard de dix p. cent dans le temps de réaction du joueur n'était

Ci-dessus : Utilisez votre tête : en l'inclinant assez bas vers la balle, votre attitude sera meilleure, vos genoux et tout votre corps se fléchiront automatiquement, et vous donnerez plus de poids à votre coup. Vous pouvez voir ici la manière dont Angela Buxton avance pour être en position idéale pour exécuter un coup fluide. Son bras gauche joue le rôle de balancier et l'aide à maîtriser son équilibre.

Vous pouvez voir ici la raquette glisser sous la balle, le joueur effectuant ensuite un accompagnement puissant et prolongé. Ce mouvement donne à la balle un effet slicé qui la fera rebondir très bas et l'éloignera de l'adversaire après le rebond. Avec un coup slicé comme celui-ci, vous pouvez faire parvenir la balle où vous le souhaitez en environ deux tiers du temps qu'il vous faudrait si vous exécutiez un coup lifté, même si les balles liftées semblent toujours plus rapides.

pas rare. Le contre-pied oblige le joueur à modifier brusquement l'information transmise à son cerveau, à condition toutefois que l'adversaire n'en abuse pas. En effet, avec l'habitude, une situation surprenante peut devenir prévisible.

Les actions répétées continuellement finissent par se faire de manière inconsciente. C'est ainsi que très souvent, un coup qui était réfléchi se transforme progressivement en coup réflexe, les muscles réagissent d'eux-mêmes. Cela accélère considérablement le processus « pensée-action », les transmissions nerveuses étant court-circuités, et le temps global d'action peut ainsi être divisé par deux, voire par quatre.

L'erreur la plus commune dans tous les jeux de balle consiste à relever brusquement les yeux et la tête avant de frapper un coup. C'est parfois dû à une technique déficiente, mais généralement, ce problème vient d'une angoisse sans raison quant à l'efficacité du coup exécuté. L'antidote est simple : il faut se préoccuper exclusivement de la balle et du court, et surtout ne jamais tenter de regarder à la fois la balle et l'adversaire.

Il reste un point à étudier concernant la technique : l'endroit du cordage qui frappe la balle. Le point le meilleur et le plus élastique du tamis est généralement appelé « sweetspot ». C'est un peu moins précis que le terme physique de « centre de percussion ».

Désormais, les fabricants tentent de faire coïncider le sweetspot avec le centre géométrique de la raquette. C'est une opération difficile qui est devenue un peu plus aisée depuis l'apparition des modèles à grand tamis et des tamis de forme rectangulaire, comme celui de la raquette utilisée par Martina Navratilova. De même, les raquettes dont le cœur est ouvert et entouré de deux branches ont un sweetspot plus important.

Dans les raquettes traditionnelles, le sweetspot ne peut coïncider avec le centre géométrique du tamis. En fait, le sweetspot se trouve généralement plus proche du cœur de la raquette d'environ cinq centimètres, de sorte que ces coups parfaitement

Ci-dessus : Martina Navratilova termine ici la préparation de son revers. Le tamis de sa raquette se trouve légèrement plus haut que la balle et orienté légèrement vers le ciel. Elle va donc exécuter un coup slicé, en utilisant un mouvement puissant. En effet, si ce coup était joué avec un trop grand relâchement, la balle s'élèverait et retomberait au-delà de la ligne de fond.

Ci-contre : Un lifteur en action. Vous pouvez constater qu'il casse son poignet, avant de le ramener brusquement vers le bas, de manière à frapper la balle de bas en haut, pour lui donner une rotation rapide. Il peut envoyer la balle assez haut, sachant que l'effet lifté lui donnera une trajectoire plongeante après qu'elle aura franchi le filet.

« centrés » que vous appréciez tant sont moins puissants que vous ne le pensez.

Cependant, cela ne signifie pas qu'il n'existe pas de raquettes donnant plus de puissance. Avec l'âge, l'acuité visuelle, la souplesse musculaire et la rapidité de déplacement se détériorent, de sorte que vous réussissez moins souvent à bien centrer vos coups. Dans ce cas, en particulier, les raquettes à grand tamis peuvent vous être d'un grand secours.

Ci-dessus : Yannick Noah est également un adepte du lift. La position de sa raquette montre qu'il anéantit de manière parfaite l'avantage qu'avait pris son adversaire.

L'ACQUISITION D'UN SERVICE REDOUTABLE

Il est sans doute arrivé à la plupart d'entre nous d'entrer sur un court, décidés à pratiquer un tennis réellement puissant et offensif. Nous nous sommes donc parfaitement concentrés, nous avons armé notre raquette avec détermination, et réussi des coups assez rapides.

Pourtant, paradoxalement, nous avons eu l'impression que nos coups et nos services les plus puissants et les plus efficaces n'avaient pas nécessité d'effort particulier ; nous avons ajusté notre mouvement sans saccade, nous n'avons pas ressenti la moindre douleur dans le bras ni dans l'épaule, et la balle est repartie comme une fusée, nous laissant le souvenir d'un coup parfait que nous avons conservé pendant plusieurs jours, parfois plusieurs semaines. Cette puissance était due à la coordination parfaite de notre mouvement, depuis la préparation jusqu'à l'accompagnement qui a suivi la frappe de la balle dans le sweetspot de la raquette.

Pour revenir rapidement aux règles de la physique, la vitesse à laquelle la balle quitte la raquette peut être calculée grâce à une équation accessible à un enfant de dix ans doté d'une intelligence moyenne. Il suffit de multiplier la vitesse de déplacement de la tête de raquette lors de l'impact par la masse de la tête de raquette, et de multiplier ce total par 1,75. Le nombre ainsi obtenu doit être divisé par la masse de la tête de raquette ajoutée au poids de la balle. Certains facteurs de moindre importance entrent en considération, mais nous n'en tiendrons pas compte ici.

Prenons quelques exemples : la raquette Wilson T. 2000 utilisée par Jimmy Connors pèse 382,72 g, la masse de la tête de raquette étant de 191,35 g. Au moment de l'impact, la raquette de Connors se déplace environ à 112,5 km/h, et le poids d'une

1

2

3

4

Photo 1 : Prise de coup droit. *Photo 2 :* Prise de service. *Photo 3 :* On fait pivoter la raquette dans le sens des aiguilles d'une montre pour parvenir à la prise de revers (*photo 4*). Les prises de service et de revers sont pratiquement identiques, le « V » formé par le pouce et l'index se trouvant légèrement plus à droite sur le grip pour la prise de service que pour la prise de revers.

Ci-dessous : Le service de Rod Laver décomposé par un ordinateur. Les différentes étapes de la raquette correspondent à des unités de temps identiques, ce qui permet de voir l'accélération donnée à la raquette avant la frappe. La puissance du service dépend en grand partie de la vitesse de la raquette lors de l'impact.

Ci-contre : Rod Laver n'était pas un joueur très athlétique. Sa puissance était due à une parfaite coordination associée à une violente rotation du corps, comme on peut le voir ici.

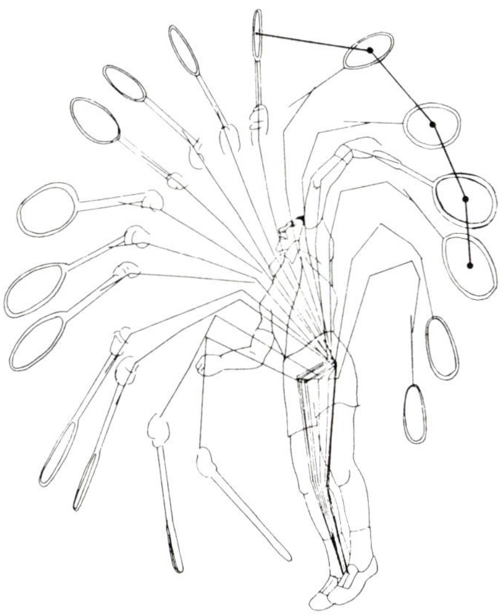

balle officielle est légèrement supérieur à 56,7 g. Faites le calcul, et vous obtiendrez une vitesse de balle de 152 km/h.

Si vous remplacez le chiffre de 191,35 g par celui de 141,74 g, qui correspond approximativement à la masse de la tête de raquette pour le modèle Dunlop Maxply Fort dont le poids total est de 371 g, vous vous apercevez que la vitesse de la balle à l'impact n'est plus que de 141 km/h.

En ne tenant pas compte de l'importance de la forme de la raquette sur la vitesse de déplacement du tamis, on peut déduire que la réduction de poids de la raquette permet au serveur de faire passer la vitesse de sa raquette à 123 km/h, soit dix p. cent de plus, en produisant un effort équivalent. Cela donne une vitesse de balle de 155 km/h à l'impact. C'est la preuve de l'importance du poids et de la forme de la raquette.

Les raquettes dont le cœur est ouvert présentent trois avantages :

1. Un poids plus important dans la tête de raquette pour le même poids total, et un équilibre semblable à celui d'un modèle en bois.

2. Une réduction de la résistance à l'air, qui permet une vitesse plus élevée de la tête de raquette pour un effort semblable.

3. Une élimination pratiquement complète de la torsion de la raquette, ce qui accroît la surface du sweetspot.

Telles sont les lois physiques qui régissent le service. Pour les utiliser, vous devez bien comprendre : a) la séquence de mouvements qui produisent la vitesse

Ci-contre et ci-dessous : Bien qu'elle ne dispute plus de grandes compétitions internationales depuis une vingtaine d'années, Angela Buxton n'a pas cessé d'améliorer sa technique. L'action de son bras et la souplesse de ses épaules tiennent la raquette à l'écart de son dos et lui permettent d'exécuter un mouvement rapide et puissant.

Ci-contre : C'est grâce à un travail méticuleux et acharné que Martina Navratilova est devenue championne du monde. Ici, la position de ses jambes et de son corps laissent prévoir un service d'une puissance extrême. Même ses chevilles et ses genoux participent à son mouvement.

maximale de la tête de raquette à l'impact, et b) la signification de la « masse » par opposition au poids.

Dans l'exposé qui suit, je vais supposer que la raquette choisie par mon démonstrateur imaginaire correspond parfaitement à ses besoins personnels, et qu'il centre la balle dans le sweetspot de sa raquette sur chacun de ses services. Manifestement, une éventuelle lacune dans l'un de ces domaines influencerait la trajectoire de la balle après l'impact.

Comme nous le savons tous trop bien, dans les situations très serrées — par exemple, à 30-15 et quatre jeux partout dans le dernier set — le joueur éprouve souvent une certaine pression, et a tendance à essayer de frapper la balle le plus fort possible. En raison de la tension qui règne et des habitudes acquises, le joueur cherche davantage cette puissance dans son bras que dans un mouvement fluide effectué avec un bon pivot du corps.

D'un point de vue mathématique, cela ne semble pas nécessairement très important, mais détrompez-vous. En effet, la main ne peut conserver une prise très serrée du grip de la raquette que si l'avant-bras n'excède pas une certaine vitesse de déplacement. Au-delà de cette limite, la masse de la raquette est réduite. Cela signifie que le terme de la masse de la tête de raquette est plus faible dans l'équation qui permet d'obtenir la vitesse de la balle, de sorte que le service ou le coup est en réalité moins puissant.

Il s'ensuit que la masse, dans le domaine du tennis, correspond au poids de la tête de raquette *ajouté* à la fermeté de la prise à l'impact.

Pour obtenir une vitesse maximale de la tête de raquette, il est donc indispensable de faire entrer d'autres éléments que le bras dans votre mouvement. Il faut par exemple utiliser la jambe, la hanche et l'épaule droites pour parvenir à une bonne rotation du corps. Le rôle des jambes, qui soulèvent le corps lors de ce pivot, produit une « spirale montante », qui est le mouvement le plus puissant que peut accomplir le corps humain. Il est dû à l'action des muscles du haut des jambes et de l'aine, qui sont à la fois les plus lourds et les plus forts chez un athlète en bonne condition physique.

L'utilisation du haut du bras et de l'épaule est également importante pour accélérer la raquette sans excéder la vitesse de la main, afin de ne pas desserrer la prise de raquette.

L'association de tous ces mouvements du corps permet lorsqu'on la maîtrise d'accumuler les services gagnants et de

L'ACQUISITION D'UN SERVICE REDOUTABLE

Ces sept photos montrent qu'un mouvement sobre, une bonne utilisation du corps et des bras, associés à une coordination parfaite et à une bonne souplesse des gestes, permettent de réussir des services puissants sans produire un effort considérable. Le lancer de balle est également déterminant.

Vous pouvez remarquer que le bras gauche d'Angela Buxton part vers la droite en même temps que son épaule, de manière à lancer la balle sur sa droite. Cela lui permet de pivoter vers la balle et d'utiliser au maximum le poids de son corps pour donner de la puissance à son service.

coup manque de puissance et a plus d'effet qu'ils ne l'auraient souhaité.

Avec mes élèves, j'insiste toujours sur la nécessité d'exécuter un début de mouvement lent et bien décomposé, et de ralentir le déplacement des hanches et des épaules avant de se précipiter dans la balle quelques secondes avant l'impact.

Sur le plan de la coordination, il est important que la tête de raquette poursuive son accélération après l'impact, et pour y parvenir, il suffit d'écouter le sifflement des cordes à la frappe et jusqu'à ce que la raquette arrive à l'aplomb de la jambe gauche.

Pour améliorer la régularité de votre service, il faut également tenter de poursuivre le plus longtemps possible l'accompagnement dans la direction que vous souhaitez donner à la balle. C'est absolument indispensable lors de la phase d'accélération de la raquette. Or, cet alignement de votre mouvement serait perturbé si vous tentiez de ramener votre raquette en arrière jusqu'à ce qu'elle vous touche le dos lors de votre préparation.

Si vous observez des photos de Gonzales ou de Newcombe, deux grands champions dont le service était redoutable, vous pourrez constater que leur raquette reste nettement à l'écart de leur corps au moment de leur préparation.

La boucle fluide et continue qu'est censé apporter le mouvement de préparation — lors duquel votre raquette effleure votre dos — peut être obtenue bien plus facilement si vous ramenez votre raquette le plus loin possible en direction du grillage de fond de court derrière vous, avant de précipiter tout votre corps dans la balle. Si votre mouvement est bien coordonné, la raquette décrira elle-même une boucle dans les airs.

L'efficacité de la rotation de votre corps dépend principalement de la précision de votre lancer de balle. Si vous vous tenez face au filet en adoptant la position de frappe la plus confortable, vous vous

passer au moins 75 % de premières balles. Avec un mouvement moins parfait, la puissance peut être la même, mais le pourcentage de réussite est moindre. Cela s'est d'ailleurs vérifié au cours de la finale de Wimbledon en 1981, qui opposait Bjorn Borg à John McEnroe. La technique déficiente de Borg au service ne l'a pas empêché de réussir un grand nombre d'aces, mais il passa à peine plus de 50 % de ses premières balles.

En raison de leur poids, les muscles situés dans les cuisses et dans l'aine présentent une certaine inertie. C'est pourquoi ils doivent être les premiers à entrer en action. La coordination doit être telle qu'au moment de l'impact, vous ayez la sensation que tout votre corps — vos hanches, vos épaules, votre bras, votre main —, et votre raquette, se déplacent vers l'avant et dans la balle. Trop souvent, les joueurs déclenchent leur mouvement trop tôt, de sorte que la balle s'arrête dans le filet, ou trop tard, et dans ce cas, leur

Les débutants ont souvent des difficultés à maîtriser la technique du service. Cette joueuse a trouvé une solution en lançant sa balle très bas et en utilisant une prise dite « poêle à frire ». Cependant, elle utilise très bien son poignet et malgré une attitude assez étrange, son bras gauche l'aide dans la rotation de son corps. Il suffit de voir son regard déterminé pour comprendre qu'elle progressera très rapidement.

L'ACQUISITION D'UN SERVICE REDOUTABLE

1

2

3

4

5

6

7

8

9

apercevrez très vite que la balle doit être lancée à la verticale de votre épaule droite (si vous êtes droitier), ou même sur la droite de votre corps, et, bien sûr, en avant de la ligne de fond, de manière que vous puissiez avancer dans la balle en la frappant.

La distance précise à laquelle vous lancez votre balle varie selon les individus. Cela dépend également de la puissance que vous voulez donner à votre service. En effet, même si la balle part à 225 km/h, elle subit toujours les lois de la gravité, et elle tombe d'environ 23 cm avant d'atteindre le filet. Si la balle avance à 160 km/h, sa chute sera plus proche de 45 cm, et le second service de nombreuses joueuses débutantes franchit le filet à une hauteur de plus de deux mètres et retombe tout de même dans le carré de service.

Pour acquérir une bonne régularité au service, vous pouvez demander à un partenaire d'entraînement de placer un objet de couleur vive au-dessus du filet à la hauteur idéale pour que votre balle retombe pratiquement sur la ligne de service du côté adverse. Vous disposerez ainsi d'une cible précise.

Enfin, revenons aux problèmes de la coordination et de la masse. La décomposition par ordinateur du service de Rod Laver qui figure à la page 47 apporte la démonstration de quelques éléments importants. Les photos originales ont été prises par un appareil très rapide, pour que l'on puisse mesurer très précisément la vitesse du mouvement. Lorsqu'on a comparé ce schéma à celui qui avait été établi pour le service de Ken Rosewall, on s'est aperçu que la raquette de Laver traversait la zone d'accélération à une vitesse supérieure d'environ 35 % à celle de Rosewall.

Les mesures électroniques de la vitesse de ces deux services ont cependant fait apparaître une différence de moins de 10 %. Les deux joueurs utilisaient des raquettes de même poids. Par ailleurs, différentes mesures de la vitesse du service de Laver ont fait apparaître des variations considérables pour la même vitesse de déplacement de la raquette. Même en prenant en considération les écarts de centrage des différents services, il semblait évident que les variations de la masse de la raquette étaient dues à des modifications de la fermeté de la prise de raquette lors de l'impact. Cela montre également que Rosewall avait une prise très ferme qui lui permettait de compenser une vitesse moindre.

Ci-contre : Un « lancer » prolongé de votre raquette vers la balle, associé à une rotation puissante de votre corps vers le haut, vous permettra d'associer puissance et contrôle de balle. Vous pouvez voir ici l'élan de la raquette sur les photos 4 à 7, et les photos 5, 7 et 8 montrent la rotation du corps vers le haut.

Ci-dessus, à droite : John McEnroe transfère tout le poids de son corps dans sa balle au service.

Je n'ai évoqué jusqu'ici que la puissance produite par un coup théoriquement parfait. L'un de mes objectifs est d'ailleurs de réussir à enseigner des coups parfaits, car lorsque la technique du service est bien maîtrisée, il devient facile de lui donner de l'effet.

Le service lifté nécessite certaines variations dans le mouvement, et il ne faut pas en abuser avant d'avoir atteint un bon niveau de jeu général. Vous devez chercher à servir des premières balles puissantes et bien contrôlées, et à passer environ 70 % de vos premiers services ; quant à la seconde balle, elle ne doit pas être beaucoup plus faible que la première. Il suffit pour obtenir ce résultat d'exécuter un mouvement aussi rapide que sur la première balle, mais d'ajouter de l'effet à votre service pour le maîtriser parfaitement. Si vous ralentissez votre raquette tout en donnant de l'effet à la balle, vous opérez deux modifications par rapport au premier service, ce qui est doublement

1

2

3

4

dangereux. En revanche, l'adoption d'une vitesse constante de la raquette sur les deux services vous permet d'apporter un seul changement à votre mouvement : l'utilisation de l'effet.

N'oubliez pas que vos fibres musculaires sont consacrées pour 70 % à l'endurance et pour environ 30 % à la vitesse. Par conséquent, la vitesse de vos coups dépend essentiellement de la rapidité de déplacement de la tête de raquette lors de l'impact, et cela nécessite de votre part une parfaite décontraction lorsque vous visualisez ce que vous allez faire, et pendant toute la préparation, lors de la phase d'accélération de la raquette jusqu'à la frappe, votre main tenant très fermement la raquette dans le même temps.

Encore une fois, pour obtenir une vitesse de raquette maximale sans affaiblir votre prise, vous devez utiliser pleinement vos jambes, vos hanches et vos épaules dans un puissant mouvement de rotation. Ce mouvement ne peut être parfait que si vous vous décontractez, si vous gardez vos épaules sur un plan égal en rotation, et si vous évitez d'abaisser exagérément votre épaule droite avant la frappe, comme le font la grande majorité des débutants.

Vous devez également bien comprendre que la vitesse et l'effet nécessitent une accélération maximale au moment de l'impact. On voit trop souvent des joueurs entamer une préparation extrêmement rapide qui aboutit obligatoirement à une décélération lorsque la raquette arrive sur la balle. Pour éviter ce défaut, il faut tenter de poursuivre votre mouvement d'accélération après la frappe et d'écouter le sifflement du cordage dans les airs.

Ainsi, pour parvenir à maîtriser un service parfait, il est conseillé de répéter *ad nauseam* la séquence de vos mouvements, qui doit commencer par une visualisation du service que vous désirez exécuter, et se poursuivre par l'action elle-même. Désormais, l'action doit d'ailleurs devenir votre seul mot d'ordre.

Vous pouvez commencer par vous procurer un panier plein de balles. Rendez-

L'ACQUISITION D'UN SERVICE REDOUTABLE

Il existe de nombreuses manières de donner de la puissance à un service, mais voici la méthode qui a fait ses preuves. Sur les photos 1 à 6, vous pouvez remarquer que le bras droit du serveur se tend très loin à l'horizontale vers l'arrière. Regardez maintenant la position de ses genoux et de son corps sur les photos 5 et 6, puis l'explosion de puissance (photos 7 à 9) qui a propulsé son corps dans un mouvement de spirale ascendante (le mouvement le plus puissant que peut produire l'être humain) en direction de la balle. Celle-ci avait été parfaitement bien lancée car le corps du serveur se trouve exactement aligné avec la trajectoire de la balle. Dans ces conditions, il n'est pas étonnant que ce service ait été chronométré à 210 km/h.

5

6

7

8

9

vous sur le court d'entraînement et répétez balle après balle cette séquence, d'abord mentalement, puis en l'exécutant :

1. *Alignez vos pieds.* Ce n'est pas aussi simple que vous pourriez le croire, car il est probable que vous ayez vu un champion ou une championne à la télévision, que vous ayez été fasciné, et que vous essayez de reproduire son mouvement de service. S'il s'agit de McEnroe, vous pouvez être certain à 99 % qu'en adoptant la même position que lui, vous n'aurez aucune chance d'acquérir un service puissant et régulier. Certains grands serveurs, comme Pancho Gonzales et John Newcombe, se trouvaient pratiquement face au filet au moment de l'impact, tant la puissance et la coordination de leur rotation étaient parfaites. Si vous avez l'occasion de voir des photos ou des films de leur service, regardez bien leur pieds lorsqu'ils s'apprêtent à lancer la balle. Vous verrez que les talons sont généralement alignés dans la direction qu'ils veulent donner à la balle.

Le corps de McEnroe est également regroupé lorsqu'il frappe, mais ses pieds sont pratiquement parallèles à la ligne de fond. Il parvient à cette position en effectuant un saut en rotation, qui serait très difficile à maîtriser pour un joueur moins doué que lui.

Pour trouver la position qui vous convient, tenez-vous les deux pieds sur la ligne de fond, face au filet. Faites ensuite pivoter votre corps le plus loin possible sans effort excessif. Laissez vos épaules à cette place, et déplacez votre pied droit jusqu'à ce que vos pieds et vos épaules soient sur le même plan. Vous saurez alors que vous pouvez pivoter pour vous retrouver face au filet tout en gardant un bon équilibre des deux pieds au sol. Les mauvais serveurs déplacent leur pied droit bien avant la frappe, ce qui leur fait perdre puissance et équilibre.

Par la suite, à mesure que vous progresserez, la puissance de votre rotation et de votre mouvement ramènera automatiquement votre pied vers la ligne de fond. Si vous tentez de déplacer votre pied droit

Ci-contre : Le service de Roscoe Tanner est devenu légendaire, car il est l'un des rares joueurs dont la première balle ait été chronométrée à 225 km/h, la plus grande vitesse à laquelle une balle peut avancer tout en retombant suffisamment pour arriver dans les limites du rectangle de service. A 225 km/h, la balle atteint l'adversaire en cinq dixièmes de seconde environ. Un service d'une vitesse de 193 km/h couvre cette même distance en six dixièmes de seconde, ce temps étant de huit dixièmes de seconde pour une balle avançant à 145 km/h, et de 1,24 seconde pour un service lancé à 96 km/h.

Ci-contre, à gauche : Rodney Jeffrey est un jeune espoir dont les services les plus rapides atteignent 190 km/h, et Belinda Welt, une jeune joueuse de quatorze ans, qui sert régulièrement à 95 km/h. Généralement, le relanceur entame son mouvement dès qu'il perçoit la direction de la balle. Un joueur extrêmement rapide peut atteindre le point d'impact en neuf dixièmes de seconde. Par conséquent, un service très rapide est littéralement intouchable, ce qui n'est pas le cas d'une balle lancée à 95 km/h ou même à 150 km/h.
La vitesse exacte des différentes étapes du service est indiquée dans le tableau ci-dessous. Comme vous le constatez, il peut être très utile de travailler la rapidité de votre service.

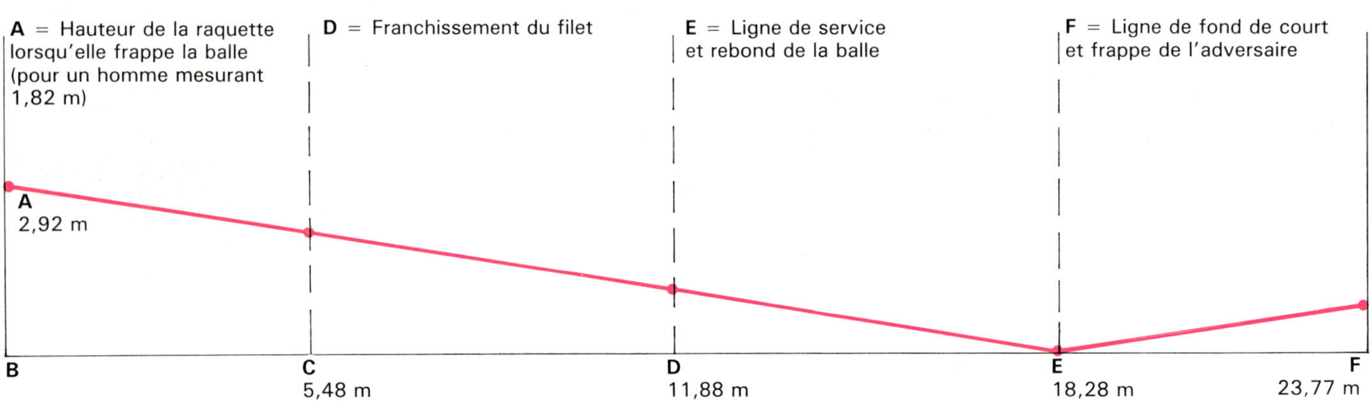

Balle servie du point **A** à une vitesse initiale de 96 km/h	219 millièmes de seconde	524 m/s	872 m/s	1240 m/s
145 km/h	155 m/s	349 m/s	581 m/s	827 m/s
193 km/h	108 m/s	261 m/s	436 m/s	620 m/s

ROLEX
SETS GAMES POINTS
R. TANNER
V
V. AMRITRAJ
30
15

L'ACQUISITION D'UN SERVICE REDOUTABLE

1

Comme Rodney Jeffrey sur les photos de la page 54, ce joueur se détend bien vers l'arrière pour donner un long et puissant élan de sa raquette vers la balle. Remarquez la souplesse de son poignet, de son coude et de son épaule, ainsi que la puissance de la rotation de son corps. Ce mouvement de « spirale ascendante » le projette vers le haut, de sorte que ses pieds ne touchent plus le sol lorsqu'il frappe la balle (photo 7). Sur ce point, le joueur a réussi un ace magnifique, mais sa joie fut de courte durée car on lui annonça immédiatement qu'il avait commis une faute de pied. Celle-ci s'était produite avant qu'il ne bondisse, comme on le voit sur les photos 1 à 5, ce qui prouve qu'un bref instant d'inattention peut avoir des conséquences très désagréables. Veillez toujours à placer correctement vos pieds avant de servir.

pour vous propulser vers l'avant, c'est que l'équilibre de votre corps n'est pas bon.

2. *Votre bras et votre corps doivent être décontractés.* En effet, la puissance est produite par la tension rapide de muscles préalablement décontractés. Si vos muscles sont tendus au début de votre mouvement, ils devront se décontracter avant de se tendre à nouveau, et cette opération est à la fois compliquée et inutile.

Veillez en particulier à ce que votre épaule, votre coude et votre poignet soient souples et détendus. Efforcez-vous de maintenir cet état de décontraction jusqu'au déclenchement rapide de votre frappe.

3. *Levez les yeux, la tête et tout le corps pour choisir votre cible.*

Toujours décontracté, respirez profondément et essayez de visualiser le plus précisément possible le service que vous allez exécuter. Vous devez « voir » la balle aussi clairement que lorsque vous la lancerez vraiment pour la frapper.

2

3

4

5

6

7

8

4. *Assurez-vous que vous êtes très calme et respirez profondément.* A ce moment précis du service, vous devez être très calme de manière à éviter toute précipitation. Regardez encore une fois votre cible, puis :

5. *Servez.* Vous avez sans doute remarqué que je ne parle pas de faire rebondir la balle avant le service. A l'origine, c'était sans doute une façon de trouver la concentration, mais aujourd'hui, c'est trop souvent devenu une composante du service lui-même. En fait, le service est un mouvement assez compliqué qui ne nécessite pas de gestes inutiles comme des rebonds interminables de la balle. Si vous maîtrisez bien vos nerfs et si vous êtes parfaitement concentré, vous réussirez sans effort des coups et des services efficaces et votre pourcentage d'erreurs sera minime.

Il existe certains pièges dans lesquels vous risquez de tomber. Si la rotation de votre corps est très importante, il est indispensable que vous lanciez votre balle sur votre droite et légèrement en avant, de manière à pouvoir transmettre toute la puissance de votre corps à votre coup.

Un défaut fréquent chez les serveurs, en particulier lorsqu'ils ressentent une certaine pression, consiste à regarder l'endroit où la balle va rebondir avant même de l'avoir frappée. Cela fait retomber la tête et l'ensemble du corps, de sorte que tout le mouvement perd son efficacité et que le service ainsi délivré échoue généralement dans le filet. Pour éviter ce danger, gardez la tête levée jusqu'à ce que vous ayez vu la balle frappée par votre cordage.

Il n'est pas suffisant de faire pivoter votre corps ; cette rotation doit se produire comme une explosion, et non comme un simple mouvement vers l'avant. Imaginez que vous cherchez à envoyer la balle au-delà de la ligne de fond en la frappant de l'épaule.

De plus, il est difficile d'enchaîner ces mouvements de rotation explosive. Bien souvent, quand vous réussissez deux services gagnants d'affilée, vous tentez un troisième ace. Cela signifie que vous avez

1

2

3

aligné trois services au lieu de considérer chacun d'entre eux comme le début d'un échange. Même si vous réussissez dix aces d'affilée, vous devez suivre à nouveau toute la phase de préparation avant de frapper votre onzième service.

Si vous commettez une double-faute, prévoyez de donner de l'effet à votre service suivant. Cet effet ne doit pas être exagéré, mais suffisant pour assurer une première balle rapide. En effet, si, à la suite d'une double-faute, votre première balle ne passe pas, vous vous exposez à une pression considérable, car le fait de commettre deux doubles-fautes de suite détruirait votre confiance et votre concentration.

Rien n'est plus stupide que d'enchaîner les services très rapides, même si vous passez 80 % de vos premières balles. Car, si votre adversaire est du même niveau que vous, il s'habituera très vite à votre rythme de jeu et parviendra progressivement à régler ses retours de service.

Les services doivent être variés, mais sans exagération, afin que le relanceur ne puisse pas anticiper. Il est préférable d'alterner les services légèrement slicés, les balles liftées, et de modifier légèrement votre position derrière votre ligne de fond avant chaque service.

Si votre adversaire possède un jeu offensif, vous devez vous attendre à ce qu'il attaque chaque fois que votre première balle ne passera pas. Il faut donc donner de l'effet à votre second service pour tenter de déporter votre adversaire en dehors du court. S'il s'obstine à monter au filet dans de telles conditions, son attaque ne pourra pas être efficace et vous le surprendrez facilement par un passing-shot ou un lob.

Il ne faut surtout pas chercher à projeter votre raquette dans votre dos pour respecter les principes de nombreux professeurs qui affirment que la raquette doit toucher le dos avant de se propulser vers l'avant.

Naturellement, la raquette doit s'abaisser pour que le mouvement soit continu, mais cet élan qui précède la projection de la raquette vers l'avant doit se faire le plus

Comparativement à des hommes de la même taille, les femmes ont souvent des bras plus courts de quelques centimètres. Cela réduit leur envergure et affecte la rapidité de leur service. On peut cependant compenser cet inconvénient, dans une certaine mesure, par une rotation complète des jambes, des hanches et de l'épaule. C'est ce qu'essaie ici de faire Belinda Welt, âgée de quatorze ans, et elle y réussit fort bien. En prenant de l'expérience, elle devrait améliorer la flexion de son bras, ce qui lui permettra d'allonger son mouvement d'élan. Comparez les photos 4 et 5 ci-contre aux photos 3, 4, 5 et 6 pages 54-55.

4

5

6

7

loin possible de votre corps. En vous détendant ainsi vers l'arrière, vous donnerez une longue impulsion à votre tête de raquette.

Si votre raquette touchait votre dos, vous produiriez un élan vertical ; or, un Boeing 747 ne s'élève pas à la verticale. Il prend un long élan horizontal avant de décoller. Votre service a besoin de la même impulsion.

Si vous travaillez votre service en utilisant un panier rempli de balles, vous devrez de temps à autre vous arrêter pour aller ramasser les balles. Ces interruptions doivent vous permettre de ne pas servir balle après balle sans réfléchir. Avec le temps, vous devriez parvenir à vous « laisser aller » sur votre service. Les maîtres archers japonais, il y a deux mille ans, « laissaient partir » leur mouvement lorsqu'ils tiraient, mais ils précisaient toujours que l'efficacité de leur geste n'avait été acquise qu'après six années de travail très sérieux. En tennis, comme dans toute autre discipline, vous devez fournir des efforts pour en recueillir les récompenses par la suite. Cette préparation nécessite une discipline mentale aussi importante, voire plus importante que les efforts physiques, même si ce dernier aspect n'est pas à négliger.

Désormais, le choix de vos objectifs doit être présent à votre esprit. Soyez raisonnable, et comprenez que vous avez un niveau de performances maximal déterminé par votre talent, votre âge, le temps dont vous disposez, etc. Lorsque vous fixez vos objectifs, pensez en termes de progression mois après mois, sans oublier votre ambition à long terme.

Vous aimeriez peut-être comparer vos résultats à ceux des meilleurs serveurs mondiaux de l'année 1982. En effet, cette année-là, les organisateurs et les arbitres du Grand Prix Volvo se sont livrés à une enquête d'une ampleur considérable.

Les arbitres ont noté le nombre de premiers et de seconds services réussis par tous les joueurs tout au long de la saison, et voici les résultats qu'ils ont obtenus :

Pourcentage de premiers services :

Connors (1er) : 5366 premiers services tentés. 3859 réussis : 71,92 %.
Fibak (2e) : 2230 tentatives ; 1560 réussis : 69,96 %.
Borowiak (3e) : 2622 tentatives ; 1819 réussis : 69,37 %.
Winitsky (10e) : 2090 tentatives ; 1417 réussis : 67,80 %.

Nombre d'aces réussis :

Denton (1er) : 4028 premiers services tentés ; 2334 réussis ; 466 aces.
Hooper (2e) : 3806 tentatives ; 2368 réussis ; 338 aces.
Kriek (10e) : 3444 tentatives ; 1853 réussis ; 194 aces.

Cependant, la recherche du service gagnant à tout prix peut coûter cher, comme en témoignent ces statistiques concernant le nombre de doubles-fautes commises :
Denton (1er) : 4028 services ; 224 doubles-fautes.
Kriek (2e) : 3444 services ; 220 doubles-fautes.
Hooper (4e) : 3806 services ; 169 doubles-fautes.

Sur cette même année, Bjorn Borg avait passé 68,50 % de ses premières balles, soit un nombre nettement supérieur à celui qu'il avait réalisé lors de la finale de Wimbledon en 1981, environ 51 %. Ce qui prouve que même « l'iceberg » du tennis pouvait être gagné par la tension lorsqu'il disputait un match capital.

En examinant les différentes tendances des fautes au service, j'ai découvert que les joueurs envoient environ 52 % de leurs balles fautes dans le filet, les 48 % restants

1

2

3

4

5

6

7

8

Jack Nicklaus a toujours affirmé que c'est avec les jambes qu'on frappe une balle de golf. Ce principe s'applique également au tennis. Malheureusement, peu de joueurs cherchent à améliorer la puissance et la souplesse de leurs jambes et de leurs hanches. C'est pourquoi leur jambe droite a tendance à décoller du sol, ce qui nuit à la puissance de rotation du corps. Vous pouvez voir ici qu'Angela Buxton évite cette mauvaise habitude en s'entraînant au service après avoir emprisonné son pied droit dans un panier de balles. Vous pouvez constater qu'entre la photo 4 et la photo 8, ses jambes et son corps ont pivoté de 100 degrés sans la moindre perte d'équilibre ni de rythme. Essayez d'en faire autant vous-même.

se divisant de manière assez égale entre les services trop longs, dans le couloir, et à l'extérieur de la ligne médiane.

En ce qui concerne ces trois derniers défauts, vous pouvez y remédier en apprenant à bien maîtriser tous les effets et à donner à votre raquette la même vitesse sur les premières et les deuxièmes balles. Lorsque vous dominerez parfaitement les effets, vous aurez une confiance telle que vous vous estimerez capable d'envoyer la balle sur un mouchoir placé à n'importe quel endroit du rectangle de service.

Je tiens à souligner que la valeur d'un joueur se voit à la qualité de son second service, et que celui-ci ne peut être efficace que si vous savez lui donner de l'effet.

Les fautes dans le filet ne sont pas dues uniquement à un mouvement déficient. En fait, le défaut le plus répandu consiste à regarder la bande du filet au moment où vous visualisez votre service, au lieu de regarder par-dessus le filet l'endroit précis où votre balle doit rebondir.

Si vous regardez la bande du filet, vous ne tenez pas compte de l'effet de la gravité sur la balle lors de sa trajectoire du point d'impact au filet et au rectangle de service. Les lois de la physique nous indiquent qu'une balle frappée sans effet retombe selon l'équation suivante : le carré du temps qui sépare l'impact du franchissement du filet multiplié par la gravité (9,81 m par seconde) et divisé par deux.

Si vous souhaitez vous livrer à quelques calculs, voici les mesures que j'ai prises lors d'un concours de rapidité au service organisé en Grande-Bretagne. Ces chiffres représentent le temps écoulé entre l'impact et le filet, en millièmes de seconde : la balle la plus lente a parcouru cette distance en 410 millièmes de seconde ; la balle la plus rapide l'a franchie en 267 millièmes de seconde, la moyenne se situant à 337 millièmes de seconde pour un bon joueur. La vitesse de frappe de ces services était respectivement de 119, 183 et 146 km/h, et la balle était tombée de 78 cm pour le service le plus lent, de 34 cm pour le service le plus rapide, et de 50 cm pour le service moyen. Le message est donc clair : oubliez le filet lorsque vous servez, et concentrez-vous sur la hauteur à laquelle votre balle doit le franchir.

Pour être efficace, le service doit avoir une bonne longueur. L'idéal est d'envoyer régulièrement la balle à moins de trente centimètres de la ligne de service. Il faut donc tenter de trouver, sur la première comme sur la seconde balle, la hauteur que vous devez viser au-dessus du filet pour que votre service retombe dans ces trente centimètres.

Pour cela, demandez à un ami de se placer au niveau du poteau de filet et de tenir une raquette à différentes hauteurs au-dessus du filet. Commencez à 45 cm, et tentez de frapper votre balle afin qu'elle franchisse le filet au niveau de la raquette. Si vous y êtes parvenu, demandez à votre ami à quelle distance de la ligne de service votre balle a rebondi. Si votre service était trop court, votre ami peut remonter la raquette jusqu'à 60 cm environ au-dessus du filet. En revanche, si votre balle était trop longue, dites-lui d'abaisser légèrement la raquette, jusqu'à une hauteur de 35 cm. Poursuivez ces essais jusqu'à ce que vous ayez trouvé la hauteur idéale, et puissiez la visualiser.

Un excellent service ne peut pas vous permettre à lui seul de gagner des matches. Même si vous remportez une centaine de jeux de service d'affilée, vous devrez prendre au moins une fois le jeu de service adverse, ou deux points dans le tie-break si les jeux ont atteint le score de six partout.

Ainsi, si le service est le coup le plus important du tennis, c'est à égalité avec le retour de service. Comme vous le verrez dans le chapitre suivant, certaines techniques peuvent vous permettre d'améliorer l'efficacité de vos retours.

LE RETOUR DE SERVICE

Dans le chapitre précédent, consacré au service, beaucoup de statistiques étaient liées au temps. Le temps est également un élément déterminant dans le retour de service. Examinons donc pour commencer la vitesse de différents services.

Lors du concours de rapidité au service dont je vous ai déjà parlé, la balle la plus lente avait mis 894 millièmes de seconde pour parvenir au relanceur. Ce temps était de 735 millièmes de seconde pour la moyenne des joueurs, et le service le plus rapide avait atteint la ligne de fond de court adverse en 582 millièmes de seconde.

Examinons maintenant ce « temps de réaction » si important dans le tennis. Il s'agit du temps qu'il faut : à vos yeux pour voir la balle ; pour transmettre à votre cerveau les informations concernant la trajectoire de la balle ; à votre cerveau pour décider de la conduite à adopter ; pour transmettre ces renseignements aux muscles concernés ; et enfin, à ces muscles pour réagir.

En Grande-Bretagne, la sécurité routière a procédé à une étude portant sur des millions de conducteurs et concernant le temps qu'il faut à chacun pour s'arrêter lorsqu'un obstacle surgit brusquement. Il en ressort que les pilotes de Formule 1 ont un temps de réaction extrêmement rapide, de l'ordre de 200 millièmes de seconde ; 400 millièmes de seconde représentent une réaction très rapide, et la plupart des conducteurs ont un temps de réaction d'environ 700 millièmes de seconde.

Si on donnait à ces conducteurs une raquette et si on les plaçait face à un serveur, la plupart des balles de service passeraient devant eux sans qu'ils puissent les intercepter.

Il ne faut cependant pas vous inquiéter outre mesure, car en tennis, l'anticipation est un élément très important. Toutefois, le relanceur ne doit pas seulement « réagir », mais aussi utiliser sa raquette de manière efficace pour renvoyer la balle. Or, un mouvement normal dure environ 900 millièmes de seconde entre le début de la préparation et l'impact.

Ces 900 millièmes de seconde correspondent au mouvement de Tom Okker, un ancien champion néerlandais, et l'un des joueurs les plus rapides que j'aie vus. Son temps de réaction était aussi très bref, de

1

2

l'ordre de 200 millièmes de seconde. Ainsi, 200 millièmes de seconde pour réagir, plus 900 millièmes de seconde pour effectuer le mouvement, donnent un total de 1100 millièmes de seconde, soit 1,10 seconde, pour percevoir la balle et la frapper.

Dans ces conditions, même le service le moins rapide parmi ceux que j'ai cités serait inaccessible à un joueur qui se contenterait de réagir à la balle, puis de s'élancer. De toute évidence, si vous voulez réussir à renvoyer les services rapides, vous devez donc acquérir certaines techniques particulières.

La première d'entre elles consiste à vous attendre systématiquement à un service extrêmement rapide, c'est-à-dire à une balle qui vous parviendra en environ 600 millièmes de seconde. En supposant que vous me réagissiez pas aussi vite qu'un pilote de Formule 1, il vous faudra environ 300 millièmes de seconde pour esquisser un mouvement.

Essayez si possible de vous procurer un enregistrement d'un match opposant John McEnroe à Ivan Lendl, et regardez l'attitude de McEnroe lorsqu'il s'apprête à recevoir le service. Quand il attend, il se tient pratiquement droit, les bras et les jambes décontractés. Puis, ses pieds avancent d'une quinzaine de centimètres avant que Lendl ait frappé la balle. De plus, vous pourrez constater qu'il joue son retour pratiquement sans préparation. Il se contente de placer sa raquette au niveau auquel il estime que la balle va rebondir, et il contre le service adverse plus qu'il ne frappe son retour.

La décontraction de son corps et de sa raquette lui permet de déclencher très rapidement son mouvement ; il n'a pas besoin de détendre ses muscles avant de se mettre en action.

L'inertie du corps est réduite par le mouvement léger et vers l'avant de ses jambes et de ses pieds avant la frappe adverse et au moment de l'impact. Dans le même temps, l'alignement de sa raquette sur la trajectoire prévue de la balle, sans préparation, lui laisse environ 100 millièmes de seconde pour ajuster son coup et lui donner une bonne précision.

Si le service de l'adversaire arrive moins vite que prévu, McEnroe peut utiliser toute sa technique de retour de service et la

Ci-dessus : Jimmy Connors est capable de passer d'un état de décontraction à un état de tension, puis de se décontracter à nouveau plus rapidement que la plupart des autres joueurs. Cela améliore considérablement sa puissance et sa coordination.
Ci-contre, photo 1 : Angela Buxton vous montre ici la position très tendue qui ralentit beaucoup de joueurs, et sur la *photo 2*, elle adopte l'attitude décontractée qui est celle de McEnroe et qui permet des réactions très rapides.

rapidité de son temps de réaction lui permet de décocher un coup meurtrier.

Pour attendre constamment des services très rapides et négocier des balles plus lentes que prévu, il faut beaucoup de discipline. En effet, on a tendance à être automatiquement soulagé et à se déconcentrer lorsqu'un service très rapide échoue dans le filet. Or, il faut à tout prix éviter toute perte de concentration, être attentif en permanence à la balle qui va arriver et ne penser qu'à l'instant présent. Mais je reviendrai sur ce sujet un peu plus tard.

Pour le moment, évoquons le problème de l'anticipation ; il s'agit de savoir à l'avance quelle sera la direction d'un service. Contrairement à ce que l'on croit souvent, l'anticipation est une qualité qui peut s'acquérir, et non un don dont bénéficieraient quelques privilégiés.

Cette technique semble aller à l'encontre de l'éternel principe des jeux de balle, qui veut qu'on « garde toujours les yeux fixés sur la balle ». Il faut savoir raisonner avec logique pour apporter certaines modifications à cette règle d'or justifiée, mais pas immuable. Par exemple, si vous suivez aveuglément ce conseil, vous devez regarder votre adversaire prendre une balle, la suivre des yeux pendant les interminables rebonds qui semblent aujourd'hui indispensables avant le service, et continuer à regarder la balle lorsque l'adversaire la lance avant de la frapper. Face à bien des joueurs, tout cela représente au moins dix secondes avant la frappe du service. Quelle perte de temps pour vous.

N'oubliez pas que le service est le seul coup sur lequel un joueur dispose du temps qu'il désire — dans la limite des trente secondes réglementaires — pour propulser la balle vers vous d'une hauteur donnée et dans une partie limitée du court.

Tous les joueurs ont des petites manies qui peuvent révéler ce qu'ils vont faire. Il est donc très important d'étudier votre adversaire pendant ces quelques secondes qui précèdent la frappe.

Regardez d'abord la position de ses pieds, puis celle de son corps et de ses épaules, avant de vous concentrer sur le tamis de sa raquette. A ce moment, votre vision périphérique de la balle deviendra plus précise, de sorte que lorsque l'adversaire lancera la balle, vous connaîtrez sa position exacte par rapport à son corps et à sa raquette.

Immédiatement avant la frappe, vous aurez une vision complète de sa raquette et de la balle, de manière que, dans le pire des cas, vous serez dans la même situation que si vous n'aviez pas quitté la balle des yeux.

Des champions comme Jimmy Connors, Ken Rosewall et Manuel Orantes, trois des plus grands relanceurs de l'histoire du tennis, utilisent cette technique. Ils se déplacent avant que le serveur ait frappé la balle et leur capacité de perception des petites indications révélées par le comportement de leur adversaire est telle que neuf fois sur dix, ils démarrent dans la bonne direction.

Le secret de la régularité au retour de service réside dans les quelques lignes qui précèdent. La discipline en est un élément essentiel. Il faut se méfier de l'impatience et ne jamais chercher à en faire trop. A mesure que vous progresserez, vous devrez affronter des adversaires dont le service sera plus redoutable que les coups de fond de court.

Le relanceur doit toujours veiller avant tout à renvoyer la balle par-dessus le filet et dans les limites du court. Lors d'un match, la qualité de vos retours ira généralement en progressant, car votre aptitude à réussir quelques retours gagnants vous donnera une grande confiance en vous.

Par la suite, si vos retours réguliers ne suffisent pas à mettre votre adversaire en difficulté, vous pourrez les améliorer peu à peu.

Fixez-vous donc des objectifs élevés, et à l'entraînement, demandez à un ami de compter vos retours gagnants et vos erreurs ; vous devez tenter de renvoyer la balle dans les limites du terrain quatre fois sur cinq, quelle qu'en soit la qualité. Pour y parvenir, vous devez faire preuve d'une grande discipline et utiliser les méthodes décrites dans ce chapitre.

LA VOLÉE

Le passage fréquent d'une position d'attaque à une position de défense et inversement nécessite une grande rapidité d'action. Rapidité ne signifie pas toujours puissance, car un amorti bien masqué peut être exécuté avec la même vivacité qu'un coup décoché à 150 km/h.

Pour tirer parti de votre rapidité, il faut savoir volleyer, c'est-à-dire frapper la balle avant le rebond. Il est important de ne pas confondre la volée et la course précipitée vers le filet. C'est pourquoi la volée ne doit pas être considérée comme un coup particulier, mais plutôt comme un élément essentiel de votre jeu.

Du point de vue psychologique, vous devez toujours chercher à gagner le point lorsque vous êtes à la volée. Pour monter au filet, vous pouvez profiter d'une balle courte de l'adversaire pour exécuter un coup d'approche très profond que vous suivrez à la volée, bien décidé à conclure le point si la balle revient vers vous.

Vous pouvez également avancer lorsque vous avez réussi un coup de fond de court très long qui oblige votre adversaire à reculer et à relever la balle. Même si vous n'aviez pas initialement l'intention de suivre ce coup au filet, vous devez être en éveil et prêt à avancer pour exécuter une volée à mi-court. Même si cette volée ne vous permet pas de gagner le point immédiatement, elle obligera votre adversaire à courir et vous permettra de prendre position au filet pour conclure l'échange par une volée décisive.

Lorsque vous exécutez des volées, vous devez être décidé à gagner le point et non à ne pas le perdre. Il faut avoir des mouvements rapides, être très souple et savoir mépriser les lobs. Pour réussir sur ce dernier point, votre course en arrière doit être aussi efficace que votre course vers l'avant, et vous devez être capable de vous immobiliser et de repartir vers l'arrière dans un mouvement rapide et puissant.

Il vous faut également apprendre à manier votre raquette rapidement et avec dextérité, car la balle avance proportionnellement plus vite au niveau du filet que lorsqu'elle atteint la ligne de fond. Si un coup met une seconde à se déplacer d'une ligne de fond à l'autre, cela signifie qu'il

Page de gauche : Très souvent, la peur d'être frappé par une balle rapide ralentit et détériore la volée des joueurs. Pour réduire ou même éliminer totalement cette crainte, il suffit d'utiliser une prise de revers et de tenir les coudes bien écartés lorsque vous êtes au filet. Un petit mouvement de poignet vous permet ainsi de protéger votre visage et votre corps, comme vous pouvez le voir ici, et cette position améliore également votre volée de revers.

Ci-contre et ci-dessous : La volée donne tout son attrait au tennis, mais il faut réfléchir très vite et savoir bondir rapidement et avec agressivité dès qu'une possibilité s'offre à vous. Regardez le jeu de jambes très rapide de ce joueur, son regard attentif et son saut en avant qui lui permet de frapper la balle dès que celle-ci a franchi le filet. La préparation est pratiquement inexistante, le joueur se contentant de contrer la balle et de terminer son mouvement par un accompagnement complet.

franchit le filet en environ un tiers de seconde.

Il s'ensuit que le premier commandement de la volée doit être : « Placez immédiatement votre raquette dans la trajectoire de la balle qui arrive vers vous. » Cela signifie que votre raquette doit toujours se trouver au-dessus du niveau du filet, et que vos coudes doivent être écartés de votre corps et positionnés de telle façon que vous puissiez intercepter la balle en un temps minimum.

Théoriquement, il faut pour cela pointer votre raquette vers l'adversaire, l'extrémité du manche se trouvant au niveau de votre nombril. C'est d'ailleurs ce que font beaucoup de champions, pour qui cette tactique fonctionne car ils sont très doués. Pourtant, cette attitude est mauvaise sur le plan technique.

Réfléchissons un instant. On peut considérer qu'en moyenne, la moitié des coups adverses arriveront sur votre droite, et l'autre moitié sur votre gauche. Quelques balles très rapides seront également dirigées droit sur vous. Or, vous n'êtes pas seul à craindre d'être heurté par ces balles.

Tenez votre raquette en utilisant une prise de revers. Placez-la à l'horizontale au niveau de votre poitrine et à une trentaine de centimètres devant vous, en apportant un soutien supplémentaire à votre prise par votre main gauche, placée au niveau du cœur de la raquette. Le tamis doit être parallèle au filet. De cette position, vous pouvez d'une simple rotation du poignet tourner votre raquette de 180 degrés ou davantage, et un petit mouvement du bras droit vers la droite vous suffit pour vous protéger des balles rapides dirigées vers vous. En fait, cette attitude vous donnera bientôt une telle confiance en vous que vous pourrez en restant sur place réussir de bonnes volées réflexes au lieu de reculer.

Vous serez également prêt à intercepter les balles qui arriveront du côté de votre revers, et vous parviendrez à aligner votre raquette dans la bonne trajectoire avec une rapidité surprenante. Dans ce cas, direz-vous, comment se comporter sur les balles qui arrivent du côté coup droit ? C'est toujours la question que l'on me pose lorsque j'évoque cette position d'attente au filet. Apparemment, cela vous prive d'une certaine rapidité en coup droit par rapport à la position classique. En réalité, cet inconvénient est largement compensé par votre grande confiance en vous et la disparition de toute crainte. Les joueurs qui ont adopté cette nouvelle technique s'en déclarent très satisfaits.

Il est indispensable que vous replaciez toujours votre raquette dans cette position parallèle au filet entre les coups. On a généralement tendance, après avoir intercepté une balle très rapide, à laisser retomber la raquette au-dessous du niveau du filet. A la volée, quelle que soit la prise que vous adoptez, vous devez toujours vous attendre à ce que la balle revienne très vite, et par conséquent être prêt à armer votre raquette rapidement.

D'une manière générale, les volées doivent s'exécuter avec une préparation très brève, à l'exception des volées à mi-court que vous effectuez sur les balles hautes de l'adversaire. Si vous utilisez la position d'attente que je préconise, vous devez être en mesure de pointer votre coude droit en direction de la balle pour préparer votre coup et donner un puissant élan à la balle de manière à l'envoyer hors de portée de votre adversaire. Vous pouvez donner plus de force encore à ce mouvement en soutenant votre raquette de votre main gauche juste avant la frappe.

La distance à laquelle vous vous placez par rapport au filet est une question de préférence personnelle. Les volées les plus efficaces sont généralement celles que l'on joue en avançant ; il semble donc préférable de se tenir à environ 2,50 m du filet, mais d'être prêt à bondir en avant à la moindre occasion pour conclure définitivement l'échange. Cette position vous permet également d'avancer en diagonale, et non de côté, pour capter les balles très rapides. Cela ne vous fera peut-être gagner que quelques millièmes de seconde, mais à la volée, c'est parfois ce qui fait la différence entre un coup gagnant et une erreur.

Si votre adversaire joue un lob, sa balle mettra en moyenne trois secondes pour aller de sa raquette au point de rebond — si vous la laissez rebondir — situé aux environs de votre ligne de fond. Si vous n'êtes pas capable de percevoir le lob, de vous tourner et de revenir sur votre ligne de fond en trois secondes dans la plupart des cas, vous avez besoin de faire beaucoup d'exercices de vitesse et de souplesse ; je ne parle pas ici des personnes d'un certain âge, qui peuvent quant à elles acquérir d'autres techniques pour contrer les amateurs de lobs.

Il est indispensable que vous puissiez remettre en jeu 75 % des lobs adverses, sans laisser rebondir la balle. En effet, cela gênera votre adversaire, qui ne pourra pas juger exactement la longueur de ses lobs. Il est possible qu'il tente alors des lobs plus longs, qui retomberont au-delà de votre ligne de fond. Chaque fois que vous réussissez un smash efficace, votre confiance s'en trouve accrue, votre adversaire est désorienté et peut devenir nerveux, ce qui est d'une grande importance, car j'ai découvert que les attaquants remportent beaucoup plus de points sur les erreurs de leurs adversaires que sur leurs propres volées. La pression s'accumule, et les passing-shots auparavant si meurtriers se transforment rapidement en erreurs dues à la précipitation ; le nombre de fautes ne fait souvent qu'augmenter à mesure que le match progresse. Cela s'explique en partie par la réaction normale de « lutte ou de retrait » face à une difficulté. L'instinct de lutte accroît la conscience de la possibilité de gagner des points, et donne

Ci-dessus : On vous dira de fléchir les genoux. C'est un bon exercice à faire le matin au réveil. Mais lorsque vous devez exécuter une volée basse, mieux vaut baisser la tête vers la balle. Ainsi, votre tête entraînera automatiquement la flexion de vos jambes et de tout votre corps.

Page de droite : Pour réussir une bonne volée, puissante, comme c'est le cas ici, il faut savoir contrôler sa raquette et posséder une bonne souplesse. Regardez comment la tête et le corps du joueur fonctionnent en parfaite synchronisation.

la vitesse supplémentaire qui permet d'exploiter ces occasions. En revanche, la réaction de retrait est moins imaginative et moins audacieuse ; et le joueur qui est en position défensive est soumis à la pression imposée par l'attaquant.

Face au lob adverse, il n'y a pratiquement qu'une technique à employer. Il faut tout d'abord savoir anticiper ce lob, et vous pouvez y parvenir en observant attentivement le tamis de la raquette de l'adversaire juste avant la frappe, et lors de la frappe. L'inclinaison du tamis peut vous indiquer si la balle va partir très haut dans les airs ou au contraire arriver rapidement sur votre coup droit ou votre revers. Vous devez donc vous concentrer au maximum sur ce qui se produit dans une minuscule partie du court lors des trois ou quatre millièmes de seconde au cours desquels la raquette de l'adversaire traverse sa zone d'accélération.

S'il s'agit d'un lob, pivotez immédiatement et commencez à préparer votre raquette en vue de l'exécution d'un smash. Déplacez vos pieds dans la direction que prend la balle, et pointez votre main libre vers celle-ci afin de bien viser votre cible.

Lorsque la balle descend, placez-vous derrière elle de manière à pouvoir projeter votre poids en avant sur votre smash. Coordonnez votre mouvement pour frapper la balle en pleine extension et légèrement à droite de votre tête. Faites pivoter votre épaule lors de la frappe, et ne quittez pas la balle des yeux. Au smash, les erreurs sont souvent dues au fait que le joueur baisse les yeux juste avant de frapper, de sorte qu'il déclenche son mouvement un peu trop tôt.

En ce qui concerne la puissance, laissez votre raquette se charger du travail. Exécutez un coup fluide au lieu de chercher à accélérer la balle par une tension de vos muscles. Un mouvement délié effectué avec une rotation du corps doit vous donner toute la puissance dont vous avez besoin, tout en conservant une bonne marge de sécurité. Essayez de placer la balle dans un angle, et de donner une assez grande profondeur à vos smashes. Si vous êtes très près du filet, frappez vers le bas et en angle, de manière à envoyer la balle sur le côté du court, hors de portée de votre adversaire. A l'entraînement, travaillez bien votre placement et votre coordination, le mouvement devant s'effectuer en souplesse.

Les montées incessantes au filet sont réservées aux joueurs très courageux, et aux spectateurs, car le jeu d'attaque est toujours spectaculaire et enthousiasme le public. Cela ne perturbe généralement pas un joueur de fond de court très calme, du moins pendant environ les deux tiers du match. Mais la pression continuelle exercée par un attaquant, la confiance que prend progressivement ce joueur, sa vitesse croissante due à une circulation rapide de l'adrénaline imposent un rythme très difficile qui ronge progressivement la concentration du joueur de fond de court. Si vous regardez un match opposant un attaquant à un joueur de fond de court, vous constaterez que les victoires des attaquants sont principalement dues aux erreurs de leur adversaire dont le nombre augmente à mesure que le match progresse.

Les qualités requises chez un attaquant sont donc les suivantes :

1. Courage.
2. Détermination.
3. Technique et adresse parfaites.
4. Souplesse et vivacité des pieds. La vivacité détermine la réaction, c'est-à-dire les quinze premiers centimètres que vous parcourez. Ensuite, il ne s'agit plus de vivacité, mais de rapidité de déplacement.
5. Une très bonne compréhension des angles et de la manière dont on peut les couper.
6. Une excellente anticipation.
7. Une présence dominatrice.

Examinons tout d'abord le problème de la vitesse du passing-shot adverse. Si le volleyeur est bien placé, il se trouve généralement à environ 2,50 m du filet. Si son coup d'approche ou son service était bon, l'adversaire décochera probablement son passing-shot en se tenant à une trentaine de centimètres derrière sa ligne de fond, ce qui laisse une distance d'environ douze mètres entre les deux joueurs.

Même chez les amateurs, beaucoup d'hommes réussissent des passing-shots très rapides, de l'ordre de 100 km/h. En fait, ils ne possèdent généralement pas les qualités nécessaires pour éviter les erreurs, mais il arrive que la balle franchisse le filet pour retomber ensuite au-delà de la ligne de fond ou de côté ; c'est le volleyeur qui doit juger ces coups. Dans ces conditions, de combien de temps dispose-t-il pour voir où ira la balle, décider du coup à employer, et transmettre les informations à ses muscles, qui doivent ensuite propulser le corps et la raquette vers la balle ?

Pour vous éviter de chercher votre calculatrice, sachez qu'à 100 km/h, la balle franchit 26,75 m par seconde, ce qui réduit à 450 millièmes de seconde la durée de son trajet d'un joueur à l'autre. Je n'insisterai pas plus longtemps sur ces chiffres. Vous trouverez aux pages 64 et 65 les instructions vous permettant de faire vous-même ces calculs. Je dirai simplement que pour être un très bon volleyeur, vous devez acquérir une grande rapidité et une adresse considérable dans le maniement de votre raquette.

Vous avez sans doute compris maintenant que les attaquants ne disposent que d'un temps très limité pour ajuster leurs volées. C'est pourquoi votre talent naturel doit être complété par une technique correcte. Voici sept éléments clefs qui doivent absolument pénétrer votre subconscient de manière à se transformer en réflexes pour accélérer votre temps de réaction.

1. Anticipez la direction du passing-shot adverse le plus tôt possible (pour cela, vous devez compter avant tout sur votre concentration). Essayez de deviner la trajectoire de la balle avant que votre adversaire ne l'ait frappée (cette technique peut s'acquérir).

2. Propulsez immédiatement votre raquette dans la direction de la balle comme vous le pouvez (sens du jeu ajouté à la technique). La tête, les bras, le corps, les jambes et les pieds d'un athlète naturel effectuent automatiquement les mouvements appropriés (60 % de talent ; 40 % de technique).

3. Tenez toujours votre raquette au-dessus du niveau du filet, les coudes écartés, et à mon avis, la meilleure position consiste à utiliser une prise de revers et à maintenir votre raquette parallèlement au filet, mais j'y reviendrai plus tard (il s'agit ici d'une simple question de technique).

4. Gardez les yeux fixés sur la balle, et approchez votre tête de votre raquette. Concentrez-vous de manière à voir la balle au moment de l'impact sur votre cordage ; vous n'avez pas le temps d'exécuter un mouvement de préparation (technique et instinct).

5. Envoyez la balle le plus près possible de la ligne de fond de court adverse (technique).

6. Si vous avez le moindre doute, visez l'endroit où vous venez de voir votre adversaire (50 % de technique, et 50 % vivacité de réaction de votre adversaire).

7. Essayez de réussir une première volée gagnante, mais n'oubliez pas d'anticiper un éventuel retour de la balle. Votre concentration ne doit pas se relâcher avant que l'arbitre n'annonce le score (détermination et volonté de gagner).

Maintenant, quelques mots au sujet de la brièveté du mouvement à la volée. Si vous avez du mal à éliminer votre préparation, tenez-vous le dos contre le grillage du fond du court, et placez deux chaises à environ 1,50 m devant vous. Ensuite, demandez à un ami ou un partenaire d'entraînement de vous envoyer des balles et exécutez des volées. Après quelques minutes d'adaptation, essayez de faire durer les échanges. Cela vous aidera à améliorer votre dextérité, ainsi que votre technique et l'efficacité de vos volées.

Si vous pouvez vous entraîner contre un mur ou une porte de garage, travaillez votre volée en vous tenant d'abord à une distance de 1,20 m à 1,50 m du mur. Par la suite, approchez-vous progressivement jusqu'à ce que votre adresse et votre contrôle de balle vous permettent de faire des séries de volées à cinquante centimètres du mur ou peut-être moins encore.

Le joueur donne ici l'impression qu'il va exécuter une volée puissante, mais, au dernier moment, il ralentit sa raquette et donne un effet coupé à la balle en la frappant de haut en bas. Vous pouvez remarquer son accompagnement bref, mais assuré. Méfiez-vous des volées amorties de ce genre : il ne faut pas en abuser car elles peuvent être dangereuses.

Page de droite : Les attaquants doivent apprendre à mépriser les lobs, mais aussi être capables de les contrer. Ici, le joueur a interrompu sa course vers l'avant, a reculé et pivoté (*photo 3*) ; ensuite, il arme sa raquette et pointe son bras gauche vers la balle pour bien définir sa cible. Remarquez son mouvement bref, ses yeux qui ne quittent jamais la balle, la puissance de son saut, et la rotation de son corps au moment de l'impact (*photo 6*).

LA VOLÉE

1

2

3

4

5

6

Ces exercices vous aideront à développer votre dextérité et votre coordination et à devenir un excellent volleyeur. Lorsque vous vous livrerez à ces petits entraînements, ou à toute autre forme d'exercice, pensez toujours que votre objectif ultime est l'amélioration de votre niveau de jeu. Si vous ne liez pas dans votre esprit entraînement et compétition, vous parviendrez peut-être à réussir des séries de volées à moins de cinquante centimètres du mur, mais vous aurez beaucoup de mal à « transférer » cet acquis à la pratique du tennis face à un adversaire.

On dit parfois qu'un titre de champion de Roland-Garros se gagne sur les courts d'entraînement, mais il peut aussi se gagner lors d'un match épuisant, à la nuit tombante, sur un terrain glissant et par un froid redoutable !

Fléchissez-vous sur vos volées !

La plupart des professeurs insistent sur l'importance de la flexion des jambes lors de l'exécution des volées. Certains expliquent que cela vous permet de voir la balle de plus près. D'autres ajoutent que vous réduisez ainsi l'effet de parallaxe.

Selon la définition du dictionnaire, le parallaxe est « le déplacement apparent des objets (dans le cas présent, de la balle qui arrive) dû à un changement du point d'observation ». En termes de tennis, vos yeux voient la balle arriver à un angle différent par rapport à votre tamis, et vous devez, sans doute inconsciemment, corriger l'orientation de votre raquette pour y remédier.

Je dois cependant insister sur un point : votre vision n'est pas continue. En fait, la perception d'un objet en mouvement se fait par une série d'impulsions très brèves. C'est ainsi que vous ne pouvez pas voir

7

aussi clairement la balle si elle arrive en biais que si elle vient droit sur vous.

Le parallaxe concerne la perspective différente de la balle qui arrive par vos yeux et par le tamis de votre raquette. Cet écart est la cause de nombreuses erreurs à la volée.

Procédez à un petit test : tenez-vous debout devant un miroir, et tendez votre raquette pour exécuter une volée imaginaire en coup droit au niveau de votre hanche.

Imaginez que la balle vous ait été lancée d'une distance de 2,50 m et soit dirigée sur votre raquette. Sa trajectoire, selon qu'elle est perçue par vos yeux ou par votre raquette, varie d'environ 20 degrés, à la fois horizontalement et verticalement. Votre ordinateur personnel (le cerveau) doit traiter ces données très rapidement, et de plus, votre vision sera inférieure d'environ 25 % à ce qu'elle serait si la balle arrivait droit sur vous.

Regardez-vous à nouveau dans le miroir, cette fois en fléchissant les genoux et en baissant la tête vers le centre de votre tamis.

Dans cette position, la différence de perspective que vous ressentiez lorsque vous vous teniez droit est réduite de moitié, et votre vision est seulement réduite d'environ 10 %. Cela vous permettra donc d'améliorer sensiblement la précision et la sécurité de votre volée imaginaire.

Sans entrer davantage dans le détail, vous devriez comprendre facilement pourquoi le volleyeur voit mieux la balle (ou enregistre davantage d'impulsions visuelles). En effet, la réduction d'environ treize degrés des deux angles de la trajectoire de la balle amoindrit considérablement l'effet de parallaxe, il devient alors plus facile de contrôler la longueur et la direction de la volée.

Le fait d'approcher votre tête de votre raquette sur vos volées, ainsi que sur vos coups de fond de court, peut vous rapporter facilement six points supplémentaires dans un match. Cela peut suffire à transformer une défaite par 6-3/6-3 en une victoire. Ainsi, au lieu de jouer nonchalamment un ou deux sets la prochaine fois que vous vous entraînerez, consacrez au moins quinze minutes à baisser consciemment votre tête vers votre raquette pour tenter de mieux voir la balle et pour améliorer l'efficacité et l'assurance de vos coups.

Cette assurance accrue vous aidera à exploiter le contre-pied, comme vous le montre ce tableau représentant les temps de réaction d'un jeune joueur enregistrés à l'occasion de quatre tests différents. Les temps sont indiqués en millièmes de seconde :

A. Temps de réaction auditif :	286	261	316	239
B. Temps de réaction visuel :	163	187	128	103
C. Temps de réaction combiné :	139	221	136	248
D. Temps de réaction combiné à deux informations contradictoires :	372	371	318	379

Les chiffres du tableau ci-dessus représentent les temps de réaction d'un jeune joueur très prometteur. Ce temps corres-

Ci-dessus : Les lobs qui vous obligent à reculer sont très fatigants pour l'organisme. Ici, le joueur recule, mais il doit en même temps projeter le poids de son corps dans son smash. Cela signifie qu'il lui faut exécuter un mouvement de ciseau et utiliser sa jambe droite comme contrepoids sur son puissant smash. Il ne quitte pas la balle des yeux et se détend au maximum à la verticale pour frapper son coup.

pond au temps qu'il faut aux yeux pour percevoir la balle, pour transmettre cette information au cerveau, puis au cerveau pour traiter cette information et déclencher l'action des muscles appropriés.

Ce joueur avait bénéficié d'un entraînement préliminaire pour chacun des quatre tests. Les résultats des différents tests après le même temps d'entraînement dans chaque cas se décomposent ainsi :

La ligne A donne le temps de réaction au son uniquement ; le joueur avait les yeux fermés.

La ligne B représente le temps de réaction visuel, sans signal auditif.

La ligne C donne le temps de réaction du joueur qui utilisait à la fois ses yeux et ses oreilles.

Sur les tests A, B et C il n'y avait pas d'élément de surprise pour le joueur. La ligne D montre ce qui s'est produit lorsque l'examinateur a trompé le joueur quant à la direction de la balle.

Cette confusion a pratiquement doublé le temps de réaction, le joueur étant beaucoup plus lent dans ce test. L'explication est simple, et utile aux habiles tacticiens. Notre cerveau ne peut pas traiter et agir sur deux informations différentes simultanément. La première information doit donc être « effacée » pour que le cerveau puisse traiter la seconde.

C'est ce qui arrive lorsqu'un joueur, après avoir par exemple retourné une balle très profonde sur son coup droit, se replace rapidement au centre du court, et quand son adversaire ne tient pas compte de cet espace ouvert et joue un « contre-pied » à nouveau sur le coup droit.

Les chiffres indiquent qu'il se produit un décalage avant que le joueur parvienne à réagir et à changer de direction. Lors de ce test, ce décalage variait entre 233 et 131 millièmes de seconde, ce qui donnait à la balle le temps de parcourir au moins 2,70 m. Ces constatations permettent d'établir une règle simple, mais utile, notamment sur les volées et les passing-shots. Ne quittez jamais la balle des yeux, et si vous avez un doute quant à la direction à donner à votre coup, essayez de réussir une balle profonde et visez l'endroit où vous avez vu votre adversaire pour la dernière fois.

Ci-dessous : le joueur, qui doit ici reculer pour exécuter un smash, se place parfaitement et utilise son bras gauche pour viser la balle. Sa main reste levée, ce qui lui évite de baisser les yeux pour regarder le court avant d'avoir frappé son smash. On voit sur les photos 4 à 6 comment on peut transférer tout son poids, et toute sa puissance, du pied arrière au pied avant.

1

2

3

4

5

6

LES COUPS PARTICULIERS

Les coups que j'ai évoqués jusqu'à présent sont variés et fondamentaux. Cependant, dans chacun de ces cas, votre objectif est de réussir des coups puissants et profonds. Or, le tennis, c'est bien plus que cela.

Les notions de puissance et de profondeur sont liées à la largeur du court qui est de 8,23 m en simple. Reprenez le plan d'un court de tennis (page 15) et vous pourrez constater que le terrain mesure également 23,77 m de long, soit 11,88 m de part et d'autre du filet. Cela signifie que votre adversaire et vous-même devez défendre une zone de 97,82 m².

Lors des trente dernières années, j'ai procédé à de nombreuses études concernant l'utilisation du court. Ces recherches m'ont révélé un fait prédominant et surprenant : en effet, 80 % des matches de simple opposant des hommes classés au-delà de la centième place mondiale et des femmes classées au-delà de la cinquantième place se déroulent dans une partie du court d'environ 5,50 m de long et 4,50 m de large, soit 25 m² en tout. Ainsi, plus de 72 m² de court de part et d'autre du filet ne sont pratiquement pas exploités (voir ci-contre).

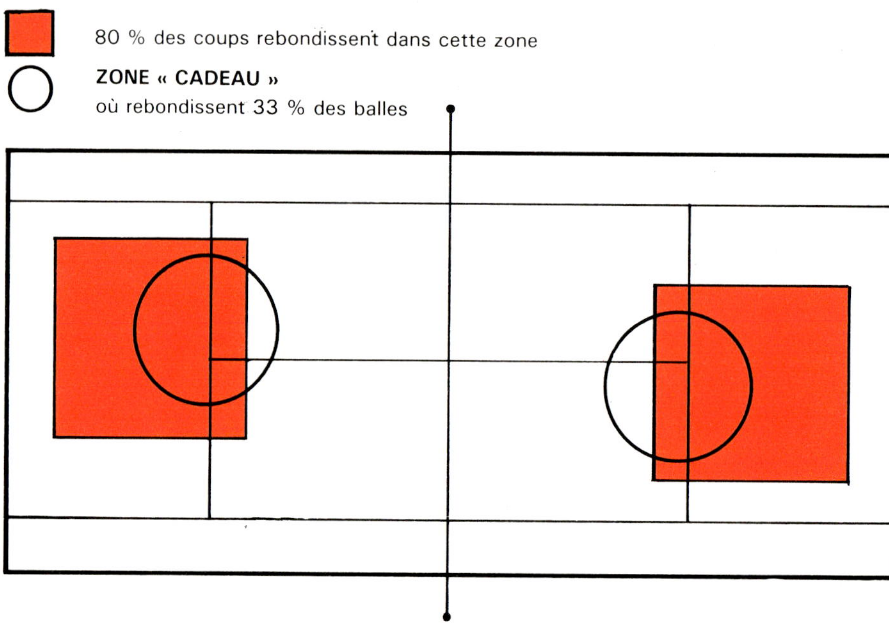

Les limites de la zone de 25 m² se trouvent environ 1 m en avant de la ligne de fond, et à 1 m de la ligne de côté gauche, et le carré franchit la ligne de service d'un mètre également, la limite à droite se situant approximativement à 2,75 m de la ligne de côté. Il est représenté en rouge sur le dessin de la page précédente. La zone située dans le cercle correspond à ce que j'appelle la « zone cadeau ».

Un grand nombre des balles qui tombent dans la zone rouge ou légèrement en avant de celle-ci se trouvent également dans la « zone cadeau », nommée ainsi parce que les balles qui y rebondissent vous permettent de placer ensuite un coup rapide où vous voulez dans le court adverse, et par conséquent de gagner le point au moins six fois sur dix.

N'oubliez pas cependant que si vous jouez vous-même des coups qui rebondissent dans la zone cadeau de votre adversaire, vous lui offrez la même occasion de conclure l'échange. C'est pourquoi vous devez apprendre à placer vos balles dans un rayon de soixante centimètres à n'importe quel endroit du court.

L'utilisation excessive du lift risque de nuire à la profondeur de vos coups, et de permettre à votre adversaire de frapper la balle avant le sommet de son rebond au lieu d'attendre qu'elle se trouve sur sa trajectoire descendante.

De toute évidence, il est préférable de frapper la balle montante. Cela vous permet d'avancer d'environ 1,80 m. Si vous ajoutez la distance que perd votre adversaire, de 1,80 m également, vous obtenez un avantage de 3,60 m, ce qui prive votre adversaire de 400 millièmes de seconde, soit un temps considérable.

Regardez sur le dessin les zones du court adverse que certains négligent peut-être, mais que vous tenterez, je l'espère, d'exploiter désormais. Vous pouvez constater que vous disposez d'un espace très important sur le coup droit de votre adversaire,

Ci-dessus : Beaucoup de joueurs considèrent le lob comme un coup défensif. Mais si vous l'exécutez au bon moment, il peut devenir une arme offensive. Il s'agit de lober au moment où votre adversaire s'élance vers l'avant. Lorsque vous sentez que votre adversaire monte au filet, maintenez votre tamis très bas, et approchez-vous de la balle comme si vous vouliez jouer un coup ordinaire, mais inclinez légèrement votre raquette. Ensuite, oubliez votre adversaire, et ne pensez plus qu'à sa ligne de fond.

Ci-contre : Angela Buxton semble préparer un coup classique mais, au dernier moment, elle « lève » la balle, qui passera à environ 5,50 m au-dessus du filet avant de retomber. Le lob a commencé sur sa ligne de fond. Si la balle atteint le plus haut point de sa trajectoire au-dessus du filet, elle doit descendre directement sur la ligne de fond adverse. Vous pouvez constater qu'Angela ne recule à aucun moment dans l'exécution de son coup.

si toutefois celui-ci est droitier, et près du filet. Vous pouvez également attaquer dans la bande d'un mètre le long de sa ligne de fond. Apprenez rapidement les coups à utiliser, car si vous n'y parvenez pas, c'est votre adversaire qui risque d'employer ces armes pour vous faire courir.

A la fin du chapitre précédent, je vous ai donné les résultats d'une étude qui indiquent que le contre-pied ralentit considérablement le déplacement de votre adversaire, pour une raison bien simple : le cerveau humain ne peut se concentrer que sur une chose à la fois. Or, un coup à contre-pied l'oblige à « effacer » l'information précédente pour décider d'une nouvelle action. Sur ce point, de nombreux éléments entrent en considération, mais d'une manière générale, on peut dire qu'une balle très rapide et à contre-pied vous donne un avantage supplémentaire de l'ordre de 1,50 m dans un temps similaire.

La plupart des joueurs, hommes ou femmes, se déplacent plus facilement latéralement que vers l'avant. Par ailleurs, ils sont plus vulnérables aux changements de rythmes et d'effets qu'aux balles dont la vitesse est constante, même si elle est très grande. Examinons donc quelques coups qui pourront vous permettre d'exploiter cette faiblesse :

Tout d'abord, le lob, généralement considéré comme un coup défensif, mais qui peut devenir une arme redoutable, en particulier si vous êtes capable de réussir de bons amortis.

Le lob est souvent utilisé par un joueur de fond de court qui est bousculé et en position défensive, et qui ne peut pas ajuster un autre coup. Son adversaire s'aperçoit également de ses difficultés, et comme il se tient généralement au filet, il est prêt à reculer pour exécuter un smash.

Cette série de photos montre que les balles courtes et qui rebondissent au niveau du filet sont idéales pour réussir des amortis. Angela Buxton avance rapidement sur la balle comme pour l'attaquer. Mais, au dernier moment, elle ralentit son mouvement, et caresse doucement la balle en lui donnant un effet coupé qui la fera rebondir juste derrière le filet. Il n'y a aucune saccade dans ce mouvement, ni à l'impact ni lors de l'accompagnement, les informations de toucher transmises par ses doigts lui permettent de donner à ce coup la puissance qui convient.

Les lobs de ce genre mettent en moyenne trois secondes pour franchir la distance qui sépare les deux lignes de fond de court, et c'est un temps qui suffit largement à un volleyeur agile pour se placer de manière à exécuter un smash gagnant.

Supposons un instant que le lob soit votre seule possibilité. La plupart des lobs sont exécutés au niveau de la ligne de fond, ou légèrement en arrière de celle-ci. N'oubliez pas que tout objet propulsé dans les airs finit par retomber, et que la phase descendante de la trajectoire de la balle est due à la gravité. Les joueurs inexpérimentés surveillent toujours leur adversaire en frappant la balle, de manière à être certains de le déborder. C'est leur première erreur : en effet, l'adversaire se déplace, de sorte qu'ils ne peuvent pas avoir un jugement précis.

Et la ligne de fond adverse ? Est-elle en mouvement ? Non, bien sûr. Vous disposez donc de deux éléments constants : la gravité et cette ligne de fond. Oubliez le vent éventuel ou l'effet de la balle, et imaginez seulement une grande arche qui passerait à 3,65 m au-dessus du filet.

Il est ridicule de tenter de juger la longueur de votre lob depuis la position de votre adversaire, ne serait-ce que parce que cela vous obligerait à concentrer la plus grande partie de votre attention sur lui, et non sur la balle. Pensez plutôt à cette grande courbe au-dessus du filet et regardez attentivement la balle qui vous arrive. Lorsque la balle approchera, vous verrez si vous vous tenez sur votre ligne de fond. Si vous y êtes, il vous suffit de visualiser cette arche imaginaire et d'y propulser la balle. Selon les lois de la physique, une balle lobée depuis une ligne de fond suivant cette parabole qui culmine au-dessus du filet doit retomber directement sur la ligne de fond opposée.

En ce qui concerne le lob, les clefs de la réussite sont les suivantes :

1. Entraînez-vous fréquemment, jusqu'à ce que vous puissiez imaginer cette arche et donner à votre balle la bonne trajectoire neuf fois sur dix.

2. Apprenez à regarder *uniquement* la balle et jamais votre adversaire.

3. Lorsque vous maîtriserez la trajectoire du lob, essayez d'acquérir les automatismes qui vous permettront de rectifier légèrement votre coup si vous vous trouvez un peu en avant ou en arrière de votre ligne de fond.

4. Apprenez à varier la trajectoire du lob lors de sa phase descendante en utilisant les effets. Le lift modifie la descente de la balle ; l'effet coupé la fait retomber pratiquement à la verticale.

Le plus important est de travailler avec application jusqu'à ce que vous maîtrisiez parfaitement ces premiers éléments. Ne regardez jamais votre adversaire. Apprenez à lire dans ses pensées, comme aux échecs, et sachez également le bluffer.

Naturellement, vous serez souvent contraint de lober lorsque vous serez en difficulté. Mais si vous gardez toujours présente à l'esprit la loi de la gravité, vous parviendrez à donner une bonne longueur

à vos lobs. Vous pourrez également exécuter de temps à autre des lobs profonds sur le coup droit adverse, au lieu de vous cantonner dans le « lob sur le revers » que conseillent tous les manuels.

Pour que le lob soit réussi, l'idéal est de le frapper au moment où l'adversaire ne s'y attend pas. Par exemple, supposons que votre adversaire suit son service au filet. Vos qualités au lob doivent vous permettre d'exécuter une préparation classique comme si vous vouliez jouer un passing-shot. Puis, au dernier moment, vous jouez une petite balle croisée sur une ligne de côté, et vous vous replacez pour négocier sa volée ou sa demi-volée. Vous aurez ainsi obligé votre adversaire à ouvrir complètement toute une partie de son terrain, et vous aurez le choix entre le passing-shot dans l'ouverture ainsi créée et le lob. Cela vous permettra de briser rapidement sa confiance au filet, car il ne pourra pas reprendre les balles qui passeront au-dessus de sa tête.

Vous remarquerez que cette tactique vous fait utiliser les zones peu fréquentées du court, et non le rectangle rouge. Lobez quand vous sentez que votre adversaire s'est lancé dans une course latérale ou en avant. Relisez les règles du contre-pied, page 73, et vous comprendrez pourquoi ce système de jeu est si efficace.

Quand vous êtes obligé de jouer un lob de défense, envoyez la balle très haut et donnez-lui si possible un effet coupé qui la fera retomber à la verticale et gênera votre adversaire dans la coordination de son smash. Plus la balle s'élèvera, plus elle retombera vite et plus sa trajectoire sera verticale.

Mieux vaut risquer de jouer des lobs trop longs que jouer trop court, sauf si votre adversaire possède un smash très faible. En effet, si vous lobez trop court face à un adversaire doté d'un bon smash, non seulement vous perdez le point, mais vous lui donnez confiance. En revanche, si votre balle retombe à moins de dix centimètres à l'extérieur du court, votre adversaire devra courir en arrière par mesure de sécurité, et il se dira sans doute qu'il s'en est fallu de bien peu qu'il ne doive poursuivre l'échange.

Quand vous pouvez avancer légèrement en exécutant votre lob, jouez moins haut, à environ 4,50 m au-dessus du filet, et donnez à la balle un effet lifté qui accélérera sa chute et l'éloignera de votre adversaire au rebond.

Il existe un autre coup qui n'est généralement pas considéré comme offensif : l'amorti, une petite balle coupée qui retombe environ un mètre derrière le filet et qui ne rebondit pratiquement pas.

Comme dans le cas du lob, le mouvement de préparation de l'amorti, en coup droit comme en revers, doit être identique à celui qui précède un coup classique. Dans les deux cas, on a tendance à ralentir le corps et la raquette au moment où celle-ci entre dans la zone d'accélération. S'il s'agit d'un lob, la balle doit être frappée avec fermeté, et l'accompagnement doit être complet et exécuté vers le haut pour que la balle décrive une parabole dans les airs au lieu de suivre une trajectoire parallèle au sol. Sur un amorti, il faut également exécuter un mouvement d'accompagnement complet.

Ci-dessus : Angela Buxton exécute son amorti de revers en douceur et sans interrompre sa course vers l'avant. Son mouvement bref, l'effet coupé qu'elle donne à son coup, et son accompagnement écourté font retomber la balle juste derrière le filet, alors que l'adversaire s'attendait à un coup puissant. Pour acquérir un bon toucher de balle, essayez, en vous tenant derrière un fauteuil, de faire retomber la balle dans ce fauteuil.

Ci-contre : Un coup frappé juste après le rebond de la balle s'appelle demi-volée. Pour le réussir, vous devez posséder un bon contrôle de votre tête de raquette, garder les yeux proches de la balle, exécuter un mouvement de préparation très bref et un accompagnement écourté. Lorsque vous avez confiance en vous, ce coup devient relativement facile.

Rien n'est jamais définitif en tennis, c'est bien ce que vous devez penser lorsque vous décidez d'exécuter un amorti. En effet, la balle avance plus lentement que sur un coup de fond de court ordinaire, de sorte que l'adversaire dispose normalement du temps nécessaire pour courir en avant et atteindre la balle avant son second rebond. Pour compenser cet inconvénient, l'amorti doit surprendre l'adversaire, et vous n'atteindrez cet objectif que si vous apprenez à ne tenter un amorti que lorsque vous vous trouvez au moins à un mètre à l'intérieur du court.

Si vous essayez de lever la balle pour qu'elle retombe à la verticale derrière le filet, elle s'élèvera trop. En revanche, si vous tentez un coup très bas, la balle risque d'échouer dans le filet. Vous devez donc acquérir, en coup droit comme en revers, un coup très fluide qui ressemble à un coup de fond de court classique pour votre adversaire. Il faut imprimer à la balle un certain effet coupé, mais là encore, sans exagération, car une balle trop coupée risque de rebondir verticalement au lieu de rester très basse. Pour exécuter votre coup, essayez d'avancer au lieu de vous immobiliser. Votre course ne doit pas être aussi rapide que pour un coup puissant, mais vous devez tout de même avancer sur la balle en frappant.

La délicatesse de votre amorti doit venir de votre bras et de votre main, ainsi que du « toucher » que perçoivent vos doigts. Tenez fermement votre raquette, et au moment de l'impact, glissez le cordage sous la balle de manière à trouver l'angle que vous recherchez.

Avancez sur la balle et frappez-la au sommet de son rebond, ou même un peu plus tôt. N'attendez surtout pas qu'elle commence à retomber, car cela signalerait immédiatement à votre adversaire que vous allez jouer un amorti.

L'accompagnement doit s'effectuer dans la direction que vous avez donnée à la balle et se terminer dans un mouvement fluide. Essayez de placer vos amortis à moins d'un mètre des lignes de côté. Un amorti croisé met plus de temps à rebondir qu'un amorti joué droit devant vous, mais vous permet également une marge de sécurité plus importante.

Après l'exécution de votre coup, ne vous immobilisez pas pour regarder ce qui va se passer. Considérez toujours que la balle va revenir. Préparez-vous en vue du coup de votre adversaire, que se situera généralement aux alentours de la ligne de service, dans l'angle qui lui sera ouvert. Apprenez à jouer des lobs de volée : en effet, rien n'est plus épuisant pour l'adversaire que de courir rapidement en avant pour reprendre une amortie, avant de reculer sur un lob profond. S'il parvient à renvoyer votre lob, vous pourrez à nouveau le surprendre par un amorti.

L'amorti est un coup offensif, mais qui permet rarement de gagner le point directement. Par conséquent, quand vous jouez un coup de ce genre, vous devez le considérer davantage comme un moyen de vous créer une ouverture dans le court que comme une conclusion immédiate de l'échange.

Si vous êtes vous-même victime d'un amorti, courez en avant en tenant votre raquette devant vous de manière à pouvoir éventuellement pousser la balle de l'autre côté du filet juste avant son second rebond. Si vous arrivez assez tôt, vous pourrez donner davantage de puissance à votre coup. A moins que l'amorti de votre adversaire ne soit complètement manqué, vous n'aurez pas le temps d'effectuer une boucle de préparation classique. Dans cette situation, ne pensez pas à ce détail et contentez-vous de courir rapidement en avant en tenant votre raquette le plus loin possible devant vous.

Il est possible que votre adversaire devine la tactique que vous allez employer, et qu'il vous envoie des balles plus longues que vous ne l'aviez prévu. Si vous vous tenez aux alentours de la ligne de service, vous serez peut-être obligé de jouer des demi-volées, c'est-à-dire de frapper la balle immédiatement après son rebond.

Le coefficient de restitution de la balle est de l'ordre de 75 %, ce qui signifie en langage clair qu'elle rebondit assez vite. Vous devez donc là encore écourter considérablement votre préparation, du moins lorsque vous vous trouvez au milieu du court. Il suffit de ramener votre raquette environ cinquante centimètres en arrière. Votre bras et votre prise doivent être très fermes, votre raquette se trouvant sur un plan parallèle au sol. Cela signifie que vous devez bien baisser votre tête et regarder attentivement la balle ; si vous êtes en bonne condition physique, ce mouvement provoquera une flexion immédiate de vos genoux et de vos hanches.

Si vous commencez à penser à vos genoux, à vos pieds, etc., vous courez à la catastrophe. Votre mouvement est dirigé par votre tête et vos épaules, apprenez donc à orienter votre tête à l'unisson de la balle, et vous serez sur la bonne voie. Quant aux autres éléments, faites-les entrer dans votre subconscient par un entraînement sérieux et régulier, adapté à vos besoins particuliers.

Tenez votre raquette avec fermeté, ne quittez pas la balle des yeux, et frappez-la au moment où elle rebondit. Donnez-lui un effet lifté suffisant pour qu'elle retombe dans les limites du court. Poursuivez par un accompagnement assez bref.

Vous pouvez également utiliser la demi-volée dans les échanges de fond de court. Cependant, la tradition veut que ce coup soit très dangereux, et il l'est probablement sur les surfaces irrégulières ou bosselées, mais si le court est de bonne qualité, la demi-volée n'est pas plus risquée que tout autre coup frappé avant le sommet du rebond, à condition toutefois que vous maîtrisiez la technique et que vous possédiez la souplesse nécessaire.

UNE LEÇON DE TACTIQUE

J'espère que vous avez maintenant acquis suffisamment de connaissances pour maîtriser la plupart des coups nécessaires à un bon joueur amateur. Pour exploiter pleinement votre potentiel, vous devez également approfondir vos capacités tactiques et votre maîtrise de l'utilisation du court. Cet objectif ne peut être atteint que par un mélange d'étude et de pratique du tennis de compétition.

Le type de tennis que vous pratiquez ainsi que la tactique et le comportement que vous adoptez sont dans une certaine mesure régis par les éléments qui constituent votre personnalité, votre âge, votre disponibilité, votre environnement et votre degré d'intérêt pour le tennis.

Par exemple, des hommes de plus de 1,82 m ont remporté environ 25 % des titres de simple dans les grands tournois (Roland-Garros, Wimbledon, l'US Open et l'Open d'Australie) depuis l'avènement du tennis open en 1968. En revanche, aucun joueur de moins de 1,72 m n'est parvenu à inscrire son nom au palmarès d'un de ces tournois du Grand Chelem. Si vous êtes une femme et si vos bras mesurent cinq centimètres de plus que ceux des femmes de votre taille, vous pouvez bénéficier d'une envergure supérieure à celle de vos semblables, et vous avez donc davantage de chances d'accéder au plus haut niveau du tennis.

Cependant, il ne s'agit là que de détails. Vous apprécierez totalement le tennis si vous cherchez constamment à progresser, sans vous inquiéter outre mesure du niveau que vous pourrez atteindre. L'expérience prouve d'ailleurs que les efforts déployés pour atteindre le sommet de la hiérarchie sont souvent plus satisfaisants que l'accession au plus haut niveau ; par conséquent, perfectionnez vos coups et étudiez la tactique.

Il existe un nombre pratiquement infini de variations tactiques, et il m'est donc impossible de les passer toutes en revue ici. La tactique doit généralement être adaptée à votre jeu. Pour vous citer un exemple : Colin Gregory, un joueur britannique, se trouvait un jour en grande difficulté lors d'un match de coupe Davis face à un bon joueur italien. Désespéré, Gregory se tourna vers son capitaine, Roger Barett, assis auprès de la chaise d'arbitre. « Que puis-je faire pour l'arrêter ? », demanda Gregory. Barett lui répondit : « Essaie de réussir une volée gagnante du bout de ta raquette. Cela le fera exploser. »

Après quelques tentatives infructueuses, Gregory réussit une parfaite volée boisée, et comme prévu, son adversaire furieux s'effondra, permettant à Gregory d'arracher la victoire.

Je peux vous aider en vous donnant quelques éléments de base, que vous devriez apprendre et laisser pénétrer votre subconscient. Voici vingt exemples :

1. La longueur de balle est votre plus grande sécurité. Veillez à ce que vos trois cents prochains coups arrivent à moins de trente centimètres de la ligne de fond adverse pour montrer combien vous êtes difficile à battre.
2. Exploitez au maximum les 97,82 m² du court adverse. Ne vous laissez jamais aller à jouer 80 % de vos coups dans la « zone cadeau » de l'adversaire (voir le dessin ci-contre).
3. Ajoutez à cela un peu de « potion magique » en variant constamment les effets de vos balles. Jouez des coups liftés, coupés, plats, ou sans aucun effet.
4. Si votre adversaire apprécie les balles rapides, adressez-lui un grand nombre de coups sans consistance.
5. En revanche, s'il aime les balles lentes, n'hésitez pas à prendre des risques et frappez tous vos coups.
6. Votre adversaire se sent peut-être mal à l'aise au filet. Dans ce cas, jouez fréquemment des amortis ou de petites balles coupées.
7. Il affectionne les coups frappés en bout de course ? Jouez directement sur lui pour ne pas lui donner d'angle.
8. Votre adversaire aime peut-être passer rapidement d'un échange au suivant. Utilisez alors pleinement les trente secondes auxquelles le règlement vous donne droit.
9. Évitez de prendre des décisions tactiques avant les points importants, et décidez à l'avance quel type de coup vous jouerez sur les points déterminants.
10. Comprenez que vous serez nerveux de temps à autre, notamment sur les balles de jeu. Trouvez quels sont vos coups les plus redoutables ou ceux que vous préférez, et travaillez-les jusqu'à ce qu'ils deviennent pratiquement instinctifs. Utilisez-les ensuite sur les balles de jeu, que vous serviez ou que vous retourniez.
11. Si votre adversaire se précipite constamment au filet, assurez-vous qu'il ne monte que dans des conditions très diffici-

LES FEUX TRICOLORES DU TENNIS

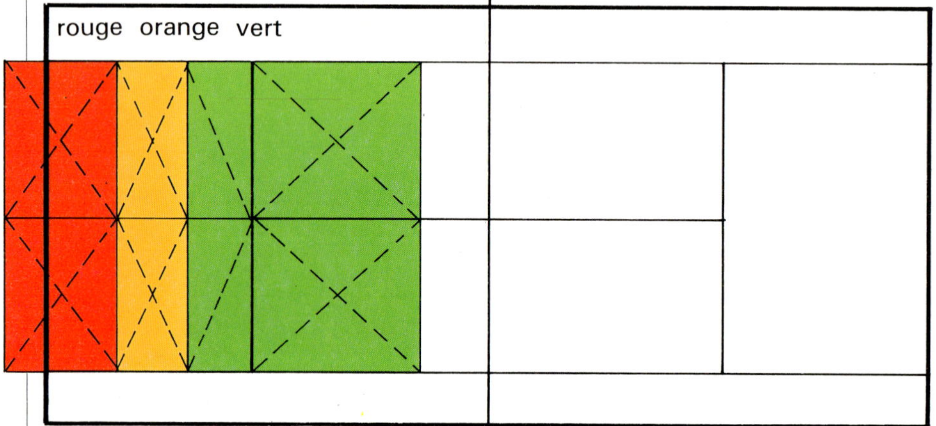

Si vous jouez depuis la zone rouge, assurez vos coups. Depuis la zone orange, essayez de manœuvrer votre adversaire. Si vous êtes dans la zone verte, vous pouvez tenter un coup gagnant ou un coup qui obligera l'adversaire à renvoyer la balle faiblement.

les. Il sera ainsi obligé de vous ouvrir des angles.
12. N'hésitez pas à utiliser le lob, en particulier quand vous n'êtes pas en difficulté.
13. Ne vous engagez pas dans de longs échanges de fond de court face à un adversaire plus régulier que vous. Tentez plutôt des balles coupées et croisées, des lobs et des balles inconsistantes pour briser le rythme de votre adversaire.
14. Soyez patient. Ne tentez jamais un coup dangereux simplement parce que vous estimez que l'échange a duré si longtemps que vous risquez de commettre la faute le premier. Vous devez toujours croire que vous pouvez renvoyer la balle une fois de plus que votre adversaire si c'est nécessaire.
15. Comprenez que l'attaque à outrance est généralement plus payante en fin de match qu'au début.
16. Ne pensez pas que vous pouvez paraître ridicule, et courez sur chaque balle comme si votre vie en dépendait.
17. Apprenez et utilisez des séquences de coups que vous pouvez conclure soit par un contre-pied, soit par un coup gagnant direct.
18. Montez au filet sur des approches profondes et au centre du court si vous découvrez que votre adversaire tire profit des angles qui lui sont ouverts quand vous le déportez.
19. Si vous voyez que votre adversaire est nerveux, jouez beaucoup de balles lentes et molles pour qu'il s'énerve davantage encore en attendant que la balle lui parvienne.
20. Quelle que soit la colère ou la nervosité que vous éprouvez, n'en laissez jamais — je dis bien jamais — rien paraître. Pourquoi encourager votre adversaire ?

J'ai des exemples concrets de chacune de ces tactiques lors de matches importants, mais je n'en citerai que quelques-uns. Il n'y a pas beaucoup de nouveautés en tennis. Le premier tournoi de l'histoire se disputa à Wimbledon en 1877 et Spencer Gore s'imposa parce qu'il avait reçu quelques conseils tactiques avant son match.

Il s'était aperçu que les poteaux de filet étaient très élevés, avait compris que les passing-shots le long de la ligne seraient donc difficiles à réussir, et était donc monté au filet le plus souvent possible. Il avait d'ailleurs souvent volleyé avant même que la balle n'ait franchi le filet, de sorte que les règles durent être modifiées dix-huit mois plus tard.

Avant cette interdiction de frapper la balle dans le camp adverse, P.-F. Hadow avait bien considéré toutes les possibilités et avait compris que la seule manière de battre Gore au filet était de passer par les airs. C'est ainsi qu'il inventa le lob et remporta le titre en 1878.

En avançant dans le temps, on s'aperçoit que le grand Bill Tilden avait mis un terme au jeu très lifté qu'affectionnaient les Européens en prenant la balle très tôt et en multipliant les coups croisés et très slicés qui ne rebondissaient pratiquement pas.

Plus tard, Jack Crawford prit sa revanche de la défaite que lui avait infligée Ellsworth Vines en 1932 à Wimbledon en jouant des balles courtes et basses sur le coup droit très puissant de Vines ; or, les lois fondamentales de la physique empêchaient Vines de frapper correctement ces balles. Crawford avait donc gagné, tout comme Arthur Ashe, qui utilisa une tactique similaire sur le revers à deux mains de Jimmy Connors lors de la finale de Wimbledon en 1975.

Dans un domaine différent, Manuel Santana s'aperçut que Nicola Pietrangeli aimait frapper la balle en bout de course et qu'il trouvait des angles étonnants dans cette position. C'est ainsi que Santana s'imposa à Roland-Garros en 1964 en jouant systématiquement sur Pietrangeli afin de ne jamais lui donner d'angle.

Quant à Ashley Cooper, il aimait exploiter les points faibles de ses adversaires, et il estimait que Neale Fraser ne pourrait pas le battre s'il l'attaquait constamment sur son revers. La finale qu'ils disputèrent à Wimbledon en 1954 dura 52 jeux et Cooper servit environ 150 fois. Plus de 80 p. cent de ses premières balles passèrent, et son service était si bien placé que Fraser n'eut pas l'occasion de retourner plus de quinze fois en coup droit, qui était son point fort.

En revanche, René Lacoste possédait l'un des meilleurs revers de l'histoire du tennis, mais au début d'une importante finale, Jean Borotra s'était aperçu que ce revers était déréglé. Au lieu de se concentrer sur ce coup, ce qui aurait peut-être permis à Lacoste de retrouver ses automatismes, Borotra attendit d'arriver à 5-4 dans chacun des deux premiers sets avant de se lancer à l'attaque sur le revers de Lacoste pour remporter le dixième jeu si important. Il perdit les deux sets suivants, et au cinquième set, il déclencha une attaque déterminée sur le revers de son adversaire et remporta ainsi le match, et l'admiration de Lacoste pour son astucieuse stratégie.

Je pourrais continuer ainsi très longtemps, mais ces quelques exemples devraient suffire à vous convaincre qu'il faut utiliser votre tête davantage encore que votre technique et votre instinct pour gagner. Les coups peuvent devenir automatiques, mais les réactions aussi, et vous devez vous méfier des « idées reçues », qui ne sont pas suffisantes. Pour vous imposer, vous devez avoir recours à votre tête, à vos muscles, et surtout à votre force de caractère. C'est un défi qui nécessite des efforts considérables mais les récompenses, physiques, mentales et même spirituelles, que cela peut rapporter sont incalculables. Pouvez-vous relever ce défi ? Le chapitre suivant vous l'apprendra peut-être.

Ci-dessus : Christ Evert Lloyd a acquis ses coups exemplaires grâce aux conseils de son père, mais ainsi qu'elle le dit elle-même : « Mon père m'a appris à jouer, mais c'est moi qui ai appris à gagner. »

LES ÉLÉMENTS INTANGIBLES

Le tennis peut absorber totalement votre attention, quel que soit votre niveau. Avec votre raquette, vous ne serez jamais seul.

Naturellement, si vous recherchez uniquement l'exercice et le contact avec des amis sympathiques, vous n'avez aucune raison de fournir des efforts épuisants pour améliorer votre jeu. C'est à vous de faire ce choix, comme vous pouvez décider de tout faire pour vous hisser parmi les dix meilleurs joueurs mondiaux. Pour ma part, je pense que c'est en luttant pour atteindre la perfection que l'on peut connaître les plus grandes joies, mais aussi les plus grandes déceptions.

Une chose est certaine : vous devez savoir très précisément ce que vous attendez du tennis. Ne vous méprenez jamais quant à vos ambitions, et entraînez-vous sérieusement pour atteindre vos objectifs.

Pour vous aider à progresser, je pourrais vous donner de nombreux conseils, mais celui qui me semble le plus approprié est un des plus anciens principes philosophiques qui soient : « Vivez toujours pour le moment présent. » En ce qui concerne le tennis, j'appelle ce principe la « fragmentation » et je pense qu'il s'agit de la clef qui ouvre la porte de la maîtrise de soi et qui conduit à la réussite. Que vous soyez sur le point d'entamer une séance d'entraînement ou un match important, respectez toujours le principe de la fragmentation.

A la fin de votre séance ou de votre match, vous vous apercevrez peut-être que vous avez passé cent minutes sur le court. Mais pour vous, ces cent minutes doivent s'être décomposées en 6 000 secondes bien distinctes, au cours desquelles vous vous êtes concentré totalement sur la balle et la situation précise à ce moment. Ni les secondes déjà écoulées ni celles qui viennent ne doivent vous perturber. Vivez toujours à la seconde et au moment présent.

Vous pouvez acquérir cette discipline si importante, mais ce n'est pas facile. Commencez par oublier les conversations imaginaires qui peuvent survenir lorsque par exemple un conducteur imprudent vous fait une queue de poisson, ou quand une personne grossière vous insulte au téléphone. Vous avez sans doute connu vous-même bien des situations de ce genre.

Essayez le test tout simple de la page 83 pour vous faire une idée de votre capacité de concentration avant d'apprendre la fragmentation. Vous avez besoin d'un ami pour vous chronométrer, mais pour votre bien, vous ne devez pas regarder ce test à l'avance. N'oubliez pas qu'il s'agit peut-être de la naissance de votre nouvelle personnalité.

Le tableau de chiffres de ce test se lit de gauche à droite. Vous avez six minutes pour bien observer les vingt-quatre lignes. Lorsque vous voyez deux nombres dont la somme donne un total de 10, par exemple

Le court central de Wimbledon demeure la Mecque du tennis. Vous pensez peut-être qu'il s'agit d'un rêve inaccessible pour vous mais, comme chacun de nous, vous possédez votre niveau de performance maximal, qui est plus élevé que vous ne le croyez. Vous pouvez donc rêver à Wimbledon en fournissant les efforts qui vous mèneront à votre meilleur niveau.

64, 37, 55, etc., soulignez-les. Si vous pouvez terminer ce test en moins de six minutes, arrêtez et notez immédiatement le temps que vous avez mis à répondre. En revanche, si vous n'avez pas terminé au moment où votre ami dit « stop », indiquez précisément à quel endroit vous vous êtes arrêté.

Après les six minutes, comptez le nombre de 10 que vous avez découvert. Vous n'avez pas le droit d'utiliser deux fois le même chiffre, de sorte que par exemple, 282 ne représente qu'un 10.

Quand vous aurez calculé votre total général, comptez à nouveau, mais cette fois en notant le nombre de 10 que vous avez trouvé pour chaque partie du tableau, à savoir LA, LB, LC, LD, CA, CB, etc. Inscrivez soigneusement ces totaux avant d'en chercher la signification à la page 91.

Si vous avez terminé le test quelques secondes avant ou après les six minutes autorisées, vous pouvez en tirer des enseignements précieux quant à votre capacité de concentration. Qu'elle soit bonne, mauvaise ou moyenne, vous découvrirez qu'elle est sans cesse victime d'influences extérieures, d'ordre physique, mental ou même spirituel. Vous devez lutter contre ces perturbations, même si le terme de lutte ne convient pas parfaitement dans ce cas : en effet, le fait de lutter vous obligerait à interrompre un moment votre concentration. En fait, vous devez acquérir un comportement et des habitudes d'une solidité telle que vous ne soyez même plus conscient des éléments extérieurs lorsque vous concentrez votre attention.

Pour adopter la bonne attitude, il est nécessaire de mentionner rapidement la loi de Yerxes-Dodson, établie au début du siècle. En quelques mots, elle indique que plus une tâche est complexe, plus elle risque d'être perturbée par la « surmotivation ». C'est ce que montre le graphique ci-contre. Arthur Ashe avait maîtrisé ce problème de surmotivation pour battre Jimmy Connors en finale de Wimbledon en 1975 grâce à une technique particulière : à chaque changement de côté, il se plongeait dans une relaxation complète de 25 secondes en gardant les yeux fermés (voir la photo page 90).

Pour parvenir à l'équilibre parfait entre la décontraction et la volonté de gagner, il est important de bien comprendre certains faits relatifs à la vie en général et au tennis en particulier. Tout d'abord, le tennis reste essentiellement un jeu, malgré les sommes considérables que les professionnels gagnent aujourd'hui. Des spécialistes de la célèbre école de Henley, qui forme des hommes d'affaires internationaux, ont découvert que leurs meilleurs éléments se concentrent totalement sur leur travail, sans se laisser distraire par les problèmes annexes. D'autres recherches ont donné des résultats comparables. En tennis, cela reviendrait à laisser intervenir des idées d'argent lorsque l'on essaie de gagner un

La loi Yerxes-Dodson montre que la motivation apportée par un coach peut, dans une certaine mesure, améliorer les performances d'un élève, mais qu'en cas de motivation excessive, les performances se stabilisent et diminuent. Un professeur ou un capitaine averti sait à quel endroit de ce « U » inversé se trouve son élève au début de leur collaboration, et de quelle dose de motivation il a besoin pour que son jeu atteigne le stade du « X ». Si l'élève se trouve déjà au stade « Y », il doit être « démotivé ».

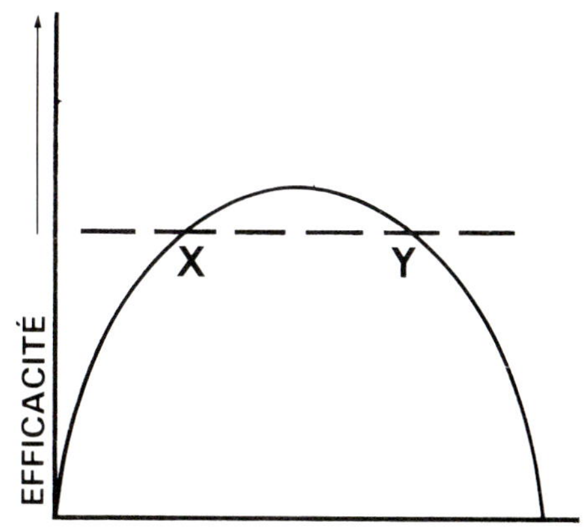

TEST DE CONCENTRATION DE SIX MINUTES

		L	C	R	TOTAL GÉNÉRAL DES 10
	A:	2 9 1 4 8 7 5 6 3 6 4	3 7 8 8 3 1 2 3 4 6 6	7 8 9 8 7 6 5 5 5 7 3	
	B:	9 8 7 5 5 4 3 2 1 9 8	7 6 5 4 3 7 4 2 8 5 2	1 6 2 1 7 2 8 1 9 2 3	
A	C:	1 9 3 4 5 6 7 8 9 1 2	3 4 5 6 7 3 5 2 1 6 3	1 7 4 6 1 3 5 1 2 8 2	
	D:	3 3 4 6 7 3 8 2 9 2 6	6 7 5 3 4 9 1 2 9 1 2	3 1 9 8 7 6 5 1 9 3 8	
	E:	5 3 9 8 2 7 7 4 6 7 5	3 7 0 9 8 8 0 2 8 3 7	2 0 8 2 4 6 5 9 3 4 7	
	F:	2 8 5 6 3 7 7 0 8 9 5	7 4 9 7 4 5 5 0 5 5 3	3 5 5 4 4 6 5 6 0 5 6	
	G:	2 4 6 7 8 9 7(0)3 7 8	7 0 9 3 8 2 4 5 7 8 2	4 0 1 8 2 5 8 6 4 0 8	LA CA RA
	H:	7 6 5 5 4 7 4 4 4 6 6	6 7 8 8 9 1 3 4 5 2 8	7 9 1 3 1 4 4 5 6 4 3	
B	I:	3 2 7 3 2 1 1 2 8 1 2	3 5 4 3 7 8 2 3 9 2 7	8 2 3 6 3 2 4 3 7 5 4	
	J:	9 8 7 9 8 7 3 7 6 8 2	6 7 5 7 0 1 9 8 6 6 4	7 4 3 2 6 8 2 6 4 1 4	
	K:	1 9 8 7 8 8 9 6 7 5 5	9 1 0 8 8 4 2 3 7 5 6	8 2 4 5 6 7 9 4 6 7 7	
	L:	2 4 6 8 2 4 5 8 3 6 9	6 1 8 1 9 4 4 5 5 5 6	6 6 4 7 7 7 7 7 3 6 7	
	M:	8 3 6 5 9 1 7 2 3 7 5	9 4 3 7(0)7 7 6 6 5 5	4 4 6 3 2 2 1 1 9 9 5	LB CB RB
	N:	9 2 8 1 7 3 6 7 6 5 8	1 8 3 7 2 9 1 0 8 7 0	7 4 5 6 4 8 9 2 3 4 6	
C	O:	2 7 8 4 8 5 5 6 4 7 2	3 7 8 0 2 6 7 7 5 5 7	5 6 7 5 6 4 5 7 4 6 5	
	P:	6 3 8 6 0 9 1 8 7 6 4	3 8 2 9 2 8 7 6 5 2 6	5 4 3 2 1 9 2 3 4 5 5	
	Q:	9 7 5 4 3 3 5 4 6 8 2	6 5 4 6 8 5 7 6 4 6 3	5 5 9 6 6 4 5 3 4 2 5	
	R:	4 0 4 1 9 3 4 7 3 6 8	2 4 7 4 6 3 6 4 7 5 8	6 9 7 2 8 9 7 2 8 5 7	
	S:	9 0 1 6 1 9 8 4 6·3 5	8 7 6 4 2 8 4 8 7 6 5	9(0)7 1 9 5 1 6 8 2 6	LC CC RD
	T:	8 2 6 5 4 2 8 9 6 6 1	0 3 6 8 2 6 7 5 4 6 9	8 4 5 7 3 4 5 8 9 1 6	
D	U:	4 6 7 6 4 8 7 6 9 8 3	4 7 3 8 9 6 8 7 4 6 7	6 4 7 6 4 7 3 4 7 8 8	
	V:	8 9 5 7 3 8 2 9 0 1 0	2 8 5 8‸7 8 2 6 2 8 1	8 1 7 1 6 1 5 6 4 8 6	
	W:	6 5 2 8 6 7 9 7 6 2 8	0 1 8 3 7 5 2 8 3 6 6	7 7 8 8 9 9 1 1 8 2 6	
	X:	4 8 2 9 5 1 6 3 8 3 7	8 4 6 7 5 5 2 6 6 3 3	8 7 4 4 2 8 5 5 9 9 5	LD CD RD

L'instant de gloire de Yannick Noah : la finale des Internationaux de France 1983 à Roland-Garros. Il s'apprête à brandir le trophée alors que Mats Wilander (vainqueur des Internationaux l'année précédente) mesure sa déception...

Bjorn Borg dans ses œuvres : cet incomparable champion — l'un des rois de la concentration — exécute un de ses coups préférés, un coup droit meurtrier avec un lift dévastateur.

tournoi du Grand Chelem. On sait que de nombreux joueurs ne sont pas capables de conclure un match qu'ils dominent ; parfois, ils se laissent même gagner par un sentiment de pitié à l'égard de leur adversaire. Il faut ici acquérir une bonne philosophie du tennis. Imaginez par exemple que vous deviez affronter un joueur comme Ivan Lendl dans un tournoi ; aimeriez-vous qu'il relâche un moment son attention et qu'il vous laisse gagner un ou deux jeux ? Ou préféreriez-vous qu'il joue à son meilleur niveau, ce qui vous permettrait de tirer de précieux enseignements de cette partie et de découvrir les progrès que vous devez faire pour vous rapprocher de lui ? Vous pourriez peut-être même améliorer un ou deux points de votre technique lors d'un tel match.

Les joueurs volontaires et ambitieux mépriseraient les éventuels cadeaux de leur adversaire, qu'ils considéreraient même peut-être comme dégradants. Le premier objectif des jeux est de permettre aux hommes de confronter leurs qualités à celles des autres pour voir qui est le meilleur. La victoire ne place en aucun cas une personne au-dessus de l'autre en tant qu'être humain, mais elle indique la supériorité d'un joueur par rapport à un autre, et vos efforts pour améliorer votre jeu et vous rapprocher de votre vainqueur sont toujours louables et même exemplaires. Vous devez donc savoir que la défaite fait partie des risques du métier que vous pouvez prévenir grâce à un entraînement plus précis, plus intelligent, plus spécifique et plus intensif.

Chaque fois que vous entrez sur un court, tout peut arriver, et la victoire ou la défaite n'est jamais garantie pour l'un des joueurs. Qui sait, Lendl pourrait tomber et se tordre la cheville, pour prendre un exemple extrême.

Vous devez donc toujours vous préparer longuement avant un match, imaginer ce qui pourrait se passer, et être bien décidé à lutter à 101 p. cent de vos possibilités pour reprendre chaque balle qui vous arrivera. Cela nous ramène au problème de la fragmentation : une attention complète à chaque seconde, un effort total dans les échanges et l'oubli complet de l'adversaire, du score, de l'opinion des spectateurs et de tous les autres éléments extérieurs grâce à une concentration absolue de votre esprit et de votre corps sur chaque balle.

Vous pensez que vous ne pourrez pas oublier le score ? Dix jours avant d'écrire ce chapitre, je me suis trouvé dans cette situation précise avec deux bons joueurs britanniques. L'un d'eux n'avait pas suivi l'évolution exacte du score, mais en regardant le tableau d'affichage, il s'aperçut qu'il se trouvait à trois points de la victoire. Il marqua ses trois points, les spectateurs accoururent pour obtenir son autographe, d'autres se précipitèrent dans le hall pour l'attendre, tandis que l'arbitre s'écriait sans cesse : « Il y avait une erreur au tableau d'affichage ! Le match n'est pas terminé ! ». Le jeu reprit donc dix minutes plus tard, le même joueur finit par s'imposer, et il m'avoua ensuite : « J'ai vu le tableau, et je me suis aperçu que je n'avais plus que trois points à gagner. Je n'ai pensé à rien d'autre, car je n'avais pas prêté attention à l'évolution du score jusque-là. »

Personnellement, j'ai récemment joué un tournoi de double réservé aux vétérans. J'étais associé à Tom Anderson, et nous nous sommes retrouvés menés 5-7 et 2-5 au second set. J'ai alors encouragé Tom, en lui disant que nous devions gagner, et nous l'avons finalement emporté 5-7 7-5 6-3. En sortant du court, j'ai demandé qui avait servi dans le dernier jeu, et c'est alors que j'ai compris que je n'avais aucun souvenir de ce qui s'était passé entre 5-7 2-5 et la fin du match. Il est donc bien vrai que la concentration peut tout effacer de votre esprit excepté la tâche que vous avez à accomplir. On peut comparer cela à une forme d'hypnose.

Supposons que vous ayez maîtrisé la fragmentation, que vous vous soyez préparé sérieusement, que vous ayez bien travaillé votre « visualisation » du match, que vous soyez parvenu à une sagesse telle que vous considérez le triomphe et la défaite comme deux ennemis qu'il faut affronter de la même manière, et que vous soyez arrivé sur le court dans un état d'équilibre mental parfait entre la volonté de gagner et la décontraction. Le score est de 6-4 4-4 et 30-40 sur le service de votre adversaire, et vous comprenez soudain que vous êtes tout près d'une victoire importante... alors vous vous paniquez.

Ne luttez pas contre cette paralysie, même si cela vous semble la meilleure solution. Essayez plutôt de concentrer davantage encore votre attention sur la balle qui va être jouée, et profitez pleinement des trente secondes auxquelles vous avez droit pour retrouver votre sérénité et choisir parmi tous les coups que vous avez répétés maintes fois jusqu'à en faire des automatismes celui que vous allez utiliser sur le point qui vient.

Faites confiance à votre subconscient, répétez-vous un mot — « maintenant », par exemple, — respirez profondément, et jouez ce point calmement. En ne gaspillant pas un millième de seconde par des pensées sans importance ou en vous paniquant, vous aurez atteint la meilleure attitude qui soit pour gagner. En oubliant la victoire et la défaite, vous serez parvenu à un état de décontraction complète. En décidant de donner le meilleur de vous-même et d'accepter le résultat, vous aurez accru vos chances de remporter ce point, mais cela ne garantit pas que vous le gagnerez.

Tant pis, la balle suivante arrivera dans un petit moment. La caméra qui est dans votre tête doit être capable d'effacer ce qui vient de se passer afin de vous permettre de considérer l'échange qui vient comme le plus important à son tour.

Ci-dessus : Les problèmes de circulation et de manque de place ne découragent pas les amateurs de tennis aux États-Unis, comme en témoigne ce club couvert construit sur le toit d'un immeuble. Les États-Unis sont en effet le pays qui compte le plus de pratiquants.

Les erreurs sont regrettables, mais ne sont pas catastrophiques si vous savez utiliser tous les conseils que je viens de vous donner. Par exemple, imaginons que votre adversaire ait joué une balle anodine dans votre « zone cadeau », mais que, comble de l'horreur, vous l'ayez renvoyée dans le filet.

Voici comment procéder :

1. Analysez immédiatement votre erreur.

2. Quand vous aurez la réponse, répétez mentalement ce coup exécuté correctement ; vous pouvez même mimer votre geste avec votre raquette.

3. Cette correction faite, éteignez l'ordinateur (votre cerveau). Votre subconscient procédera aux rectifications nécessaires.

4. Décontractez-vous et marchez avec assurance, mais gardez les yeux baissés de manière à ne pas être distrait par les éléments extérieurs.

5. Dans le même temps, surveillez votre respiration, sans chercher à la modifier. Le fait d'écouter votre respiration vous permettra d'écarter tous les bruits extérieurs.

6. En vous préparant à servir ou à recevoir le service, choisissez l'une des séquences de coups que vous avez répétées assidûment et essayez de la visualiser.

7. Dans le même temps, répétez-vous un mot (« maintenant » par exemple), et respirez lentement et profondément.

8. En entamant votre mouvement, expirez rapidement mais sans saccade et développez pleinement votre énergie mentale et physique en concentrant totalement votre attention sur la balle ainsi que sur les cordes de votre adversaire au moment où il va frapper. Ensuite, vous devez laisser agir la fragmentation à cent pour cent jusqu'à la fin de l'échange et tant que l'arbitre n'a pas annoncé le score.

Retrouvez ensuite votre calme et préparez-vous de nouveau en vue du point suivant.

Cela peut sembler compliqué à la première lecture, mais, en réalité, cette séquence devient rapidement routinière et surtout, il s'agit d'un soutien moral qui peut vous aider considérablement au cours d'un match. Dans votre quête de perfection, technique ou mentale, ne vous relâ-

Ci-dessus : La recherche de la suprématie mondiale comporte de nombreux sacrifices. Martina Navratilova consentit sans doute au plus important de ces sacrifices en septembre 1975 lorsqu'elle décida de quitter la Tchécoslovaquie pour les États-Unis afin de poursuivre ses efforts pour parvenir au sommet de la hiérarchie mondiale. Elle semble triste, mais elle allait remporter par la suite un grand nombre de tournois du Grand Chelem.

Ci-contre : Beaucoup de joueurs possèdent une grande énergie physique, mais rares sont ceux qui ont une motivation nécessaire pour vaincre tous les obstacles et accéder au sommet. Jimmy Connors fait partie de cette élite. Tous les joueurs ambitieux devraient s'inspirer de son exemple en le regardant jouer les grands tournois.

chez jamais. Si vous commettez une erreur, vous ne devez pas vous blâmer, ni intérieurement ni à haute voix. L'inquiétude de ce que les autres peuvent penser peut vous mener à renoncer à votre liberté personnelle et nuit à votre amour-propre. Oubliez tout ce qui vous entoure et laissez votre personnalité déterminer votre comportement. Lorsqu'Angela Mortimer Barrett remporta Wimbledon en 1961, elle avait mis au point son propre système très pratique et efficace. Si elle commettait une erreur, elle se disait que son adversaire n'aurait pas dû gagner ce point, et elle se promettait que cela ne se reproduirait pas. Ensuite, elle se concentrait de nouveau pour l'échange suivant. En cas de décision litigieuse de l'arbitre, elle procédait de la même manière.

Quand John McEnroe battit Bjorn Borg en finale de Wimbledon en 1981, il s'était très mal comporté lors des matches précédents. Après un ou deux jeux contre Borg, il s'énerva d'une erreur qu'il venait de commettre et s'exclama, d'une voix pas trop forte : « Come... »

Par la suite, je lui demandai pourquoi il n'avait pas terminé sa phrase : en effet, « come on » est un encouragement que l'on entend très souvent sur les courts de tennis. Il me répondit : « J'ai compris que je ne pouvais pas me permettre de gaspiller mon énergie contre Borg. » En fait, ce fut le seul moment en environ quatre heures de jeu où il se permit un léger écart. Ainsi, lorsqu'un grand champion comme McEnroe ne peut même pas se permettre de gaspiller l'énergie nécessaire à la prononciation d'un mot, ne vous sentez-vous pas tenté de mettre en pratique les techniques et les comportements que je vous ai décrits jusqu'à présent ?

J'espère que tout cela vous aura permis d'améliorer un peu votre jeu et d'acquérir les qualités morales et physiques nécessaires à cette amélioration. Pourtant, le simple fait de lire ne vous donne-t-il pas envie de découvrir quel niveau vous pourriez atteindre ? Vous possédez peut-être ce que j'appelle votre propre niveau maximal de performances. Je suis prêt à parier que vous vous sous-estimez et que vous êtes capable de réaliser des exploits nettement supérieurs à ce que vous croyez.

Il est vrai que le chemin est difficile et qu'il exige certains sacrifices, mais s'il ne perturbe pas les responsabilités les plus importantes que vous avez dans l'existence, il peut être passionnant, stimulant, et vous vous direz sans doute dans quelques années, quand vous commencerez à décliner : « Ce fut une période merveilleuse. Comment se fait-il qu'elle ait passé si vite ? ».

Pour terminer, je voudrais que vous considériez brièvement vos qualités de résistance mentale. Êtes-vous capable de réfléchir rationnellement, tout en restant juste, et de donner le meilleur de vous-même dans n'importe quelle situation ? La plupart des gens semblent croire que la force de caractère est une qualité innée. J'admets que l'on naît avec les graines de cette qualité, mais nous possédons au départ de nombreuses graines pouvant nous permettre d'exploiter bien des talents.

La liste des différents éléments de la personnalité qui figure ci-dessous est parfois complétée par de petites indications entre parenthèses, qui vous aideront à progresser dans ce domaine.

1 *Amour du jeu et joie de le pratiquer.*
(Qu'y a-t-il de plus important que de jouer et de progresser ?)

2 *Motivation intense, et envie de s'imposer et de réussir.*

3 *Grande discipline personnelle.*
(Tests nécessitant une grande précision et beaucoup d'ordre.)

4 *Énergie intérieure positive considérable ; grande détermination.*
(Application permanente et positive des joies et des enthousiasmes de la compétition.)

5 *Conscience totale pendant l'action ; cela englobe la concentration.*
(Principes et importance de la fragmentation du temps.)

6 *Capacité à fragmenter le temps en secondes individuelles et à agir uniquement en fonction de l'instant présent.*
(Tests de coordination sur le court ; autres tests et mesures.)

7 *Capacité à acquérir et à conserver son calme sous la pression.*
(Zen ; yoga.)

8 *Entretien d'un comportement et d'habitudes permettant d'oublier les influences extérieures.*
(Résistance implacable aux éléments perturbateurs extérieurs, comme le vent, un mauvais arbitrage, etc.)

9 *Compétence technique maximale, comprenant la « présence », et le langage du corps.*
(Conseils précis et individuels d'un coach.)

10 *Excellente condition physique, et bonne puissance musculaire.*
(Programmes spécifiques d'exercice mis au point par des spécialistes.)

11 *Confiance en soi, amour-propre et respect de soi-même.*

12 *Courage et goût intrépide pour la compétition.*
(Envie de faire honneur au sport et à l'adversaire tout en le battant à plates coutures.)

13 *Mépris de la défaite et acceptation de ce risque du métier.*

14 *Respect de l'adversaire en tant que personne et en tant que joueur, et respect du sport.*
(Devoir envers l'adversaire de donner le meilleur de soi-même pour le battre. Vous relâcher serait lui faire injure.)

15 *Dépersonnalisation de l'adversaire ; ne jouer qu'en fonction de la balle, de sa raquette et du court.*
(Maîtrise totale et mise en application de la fragmentation du temps.)

16 *Compréhension du fait que donner moins de cent pour cent de ses capacités est une insulte pour l'adversaire.*
(L'idéal olympique ; extension de l'élément 14.)

17 *Compréhension de ce que l'infériorité en tant que joueur n'est pas équivalent d'infériorité en tant qu'être humain.*
(Nécessité de se comporter et de jouer en traitant l'adversaire d'égal à égal.)

18 *Connaissance parfaite des règles du sport pratiqué.*
(Tests réguliers ; exemples de bonne application du règlement.)

19 *Préparation intelligente et méticuleuse avant un match, en vous accordant tout le temps nécessaire.*

20 *Connaissance claire et objective de vos propres qualités et points faibles.*
(Évaluation constante de votre niveau en compétition ; tests éventuels ; opinion du coach.)

21 *Confiance en un coach ou un ami, ainsi que dans les programmes établis ensemble.*

22 *Patience indestructible à l'entraînement, pour l'acquisition d'une technique très solide.* (Formule des trois C.)

23 *Capacité de visualisation ; préparation et répétition mentales.*
(Connaissance du système nerveux ; exercices appropriés.)

24 *Conscience des domaines qui doivent être perfectionnés, et volonté absolue de progresser.*
(Consultation permanente du coach ; autocritique objective.)

25 *Volonté de se fixer des objectifs raisonnables avec et sans pressions extérieures.*
(Faites l'expérience de la joie et de l'augmentation de l'amour-propre que cela apporte.)

26 *Établissement de courbes de progression encourageantes.*

27 *Volonté implacable de surmonter tous les obstacles qui se présenteront.*
(Méthose Coué ; exemples d'Helen Wills, René Lacoste, Bill Tilden, etc. ; grande patience.)

28 *Souvenir précis de votre meilleure performance sur le court, qui peut être une excellente source d'inspiration.*
(Prise de notes précises lors de chaque match ; films vous montrant à votre meilleur niveau ; n'enregistrez jamais vos erreurs.)

29 *Créativité, imagination et capacité d'innovation.* (Test des 10.)

30 *Détermination à évaluer objectivement chaque aspect de votre jeu et à apporter toutes les corrections nécessaires.*
(Notes objectives ; mesures de votre progression ; conseils extérieurs.)

Le talent n'est pas un don du ciel, et vous êtes capable de maîtriser les éléments qui vous permettront d'arriver au meilleur niveau.

J'ai isolé trente de ces éléments, mais comme je suis un pionnier dans ce domaine, beaucoup d'autres restent encore à découvrir. Malgré tout, ces trente facteurs resteront valables.

Ces éléments ne sont pas classés dans un ordre particulier. La plupart des sportifs auront l'impression de posséder l'un ou plusieurs d'entre eux — voire même tous — à des degrés divers. Vous devez avoir pour objectif de progresser dans ces trente domaines. Cela ne sera possible qu'avec de la patience, de la détermination et une grande discipline, ce qui prouve que les êtres humains possèdent bien le plus grand de tous les dons : *la liberté de pensée*.

La liste vous donne une idée des qualités que vous devez maîtriser. Cela vous paraît-il attirant ? Les travaux du célèbre psychologue A.H. Maslow vous permettront peut-être de mieux percevoir ce que vous ressentez réellement au sujet de la célébrité et de la réussite. Après de très longues recherches, il a en effet mis au point la liste des différentes étapes qui mènent à la réussite représentée sous forme de pyramide à la page 90.

Au fil des années, quarante grands champions pratiquant sept disciplines différentes m'ont accordé leur coopération en me donnant leurs seize traits de caractère dominants selon le système mis au point par le professeur Raymond Cattell, l'un des plus grands spécialistes au monde de la présélection des athlètes.

La plupart de ces sportifs n'ont accepté de collaborer avec moi qu'à condition que leur personnalité individuelle reste confidentielle. Il y avait vingt hommes et vingt femmes, parmi lesquels Billie Jean King et le célèbre pilote automobile James Hunt. La ligne noire représente leur profil moyen : le portrait type du grand champion.

Des différences sont apparues entre les hommes et les femmes sur quatre des seize traits de personnalité. Ces écarts sont indiqués par des « X » pour les hommes et des points noirs pour les femmes. Ces

Ci-dessous : En 1978, l'U.S. Open a quitté le cadre traditionnel du vieux stade de Forest Hills pour s'installer à Flushing Meadow. Le court central, photographié ici, peut accueillir plus de vingt mille spectateurs.

LES SEIZE PRINCIPAUX TRAITS DE CARACTÈRE CHEZ LES CHAMPIONS

X HOMMES
• FEMMES

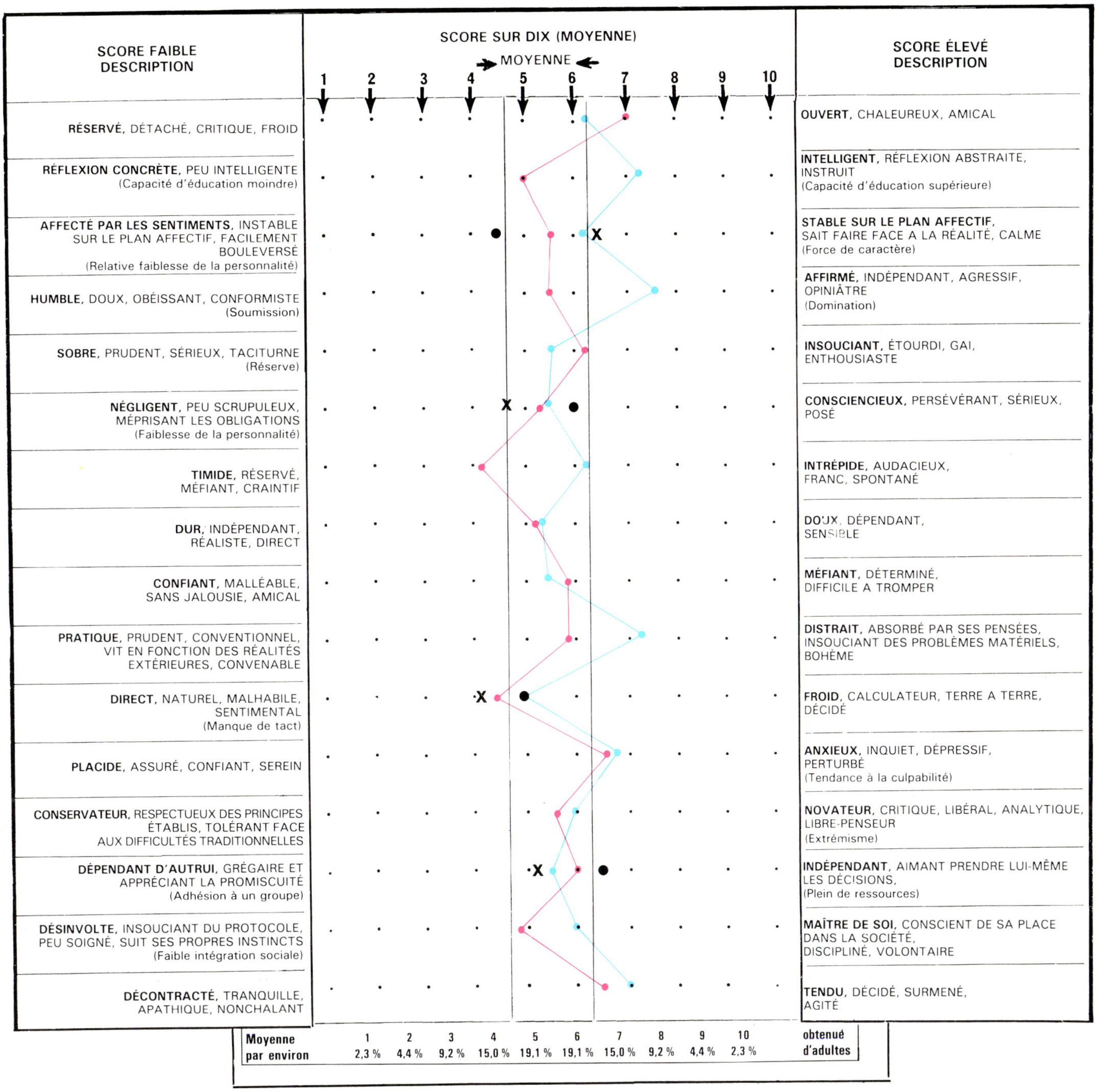

éléments présentant des différences sont : C, G, N et Q2. Ils montrent que les hommes sont plus stables sur le plan affectif, plus directs et plus enthousiastes, alors que les femmes sont plus indépendantes.

La ligne rouge correspond au profil de sept jeunes espoirs du tennis britannique. On constate des différences importantes entre leur personnalité et celle des champions : c'est ainsi qu'ils apparaissent plus surmenés, craintifs et dépressifs, et peu préoccupés par les problèmes matériels, ce qui me pousse à me poser certaines questions quant à leur capacité à devenir de véritables champions.

En fait, le profil individuel de cinq de ces sept joueurs est encore plus préoccupant, mais les deux autres étant relativement bons, la moyenne s'en trouve relevée.

Le célèbre « sorcier » Harry Hopman, grâce à qui le tennis australien est resté au sommet de la hiérarchie mondiale pendant plus de vingt ans, répétait souvent que le tennis était fait à 30 % de technique et à 70 % de volonté, ou de personnalité. Dans le cas de Hopman, la force de caractère était indissociable d'une parfaite condition physique.

En écrivant cet ouvrage, j'avais constamment ce pourcentage à l'esprit, et je pense que c'est sensible tout au long du livre, et plus particulièrement dans les deux derniers chapitres, qui, je l'espère, vous ouvriront les yeux et vous encourageront à persévérer dans vos efforts. J'espère que vous ne vous contenterez pas de lire quels

Ci-dessus : Un exemple du système des « Seize traits de caractère » établi par le professeur Cattell. Il a divisé la personnalité en seize catégories principales, et testé trente-deux sportifs de haut niveau mondial — douze hommes et vingt femmes. Le graphique est sensiblement identique pour les deux sexes dans la plupart des cas, avec de légères différences d'intensité sur certains points. C'est ainsi que les hommes ont tendance à être plus ouverts et plus directs, et que les femmes sont plus inquiètes mais possèdent également davantage de ressources. La ligne rouge correspond aux champions de niveau mondial, et la ligne bleue donne les résultats de sept jeunes espoirs du tennis britannique.

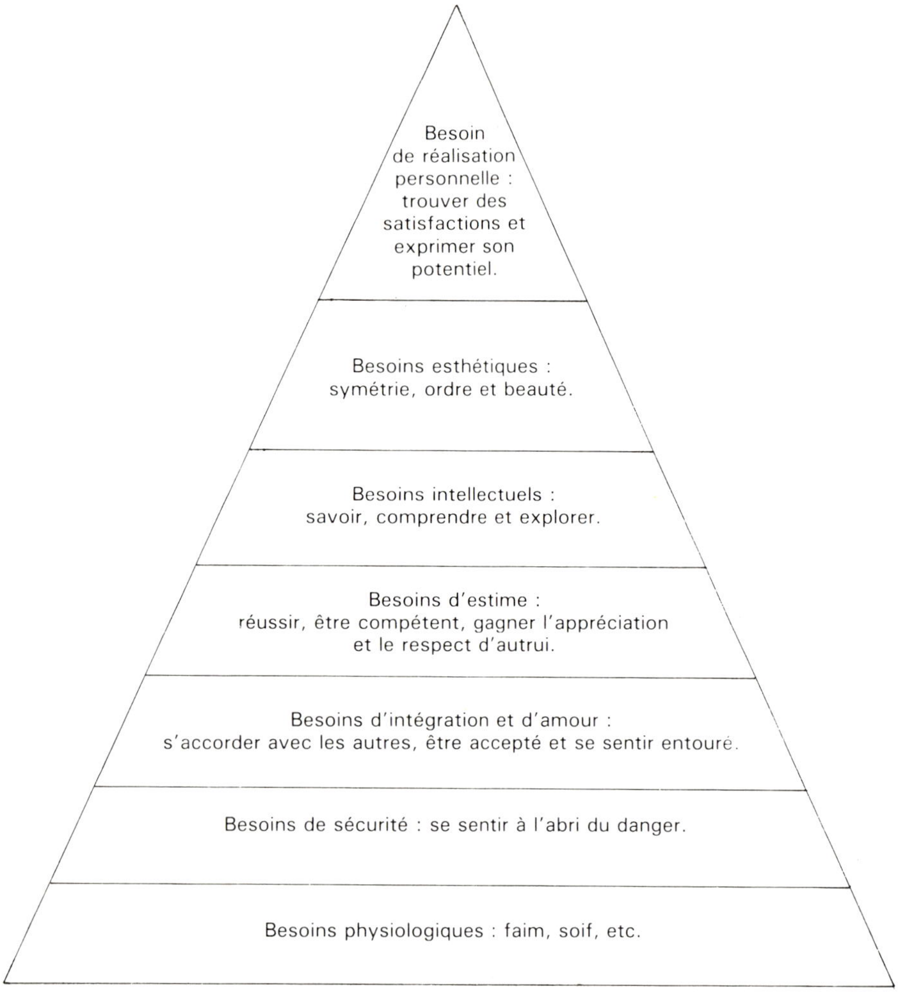

sont les éléments qui séparent la médiocrité de l'excellence, car finalement, c'est vous qui devrez produire (ou ne pas produire) les efforts nécessaires pour absorber et apprendre ces conseils.

Heureusement, les choses deviennent de plus en plus faciles à mesure que vous progressez, puis le tennis vous procure de grandes joies et vous ouvre de nouveaux horizons, pas seulement sur le court. Vous n'avez rien à perdre à essayer et à adopter de nouvelles démarches pour construire peu à peu « votre » tennis.

J'irai même plus loin : cela vous apportera de grandes satisfactions. Mais n'est-ce pas dans le but de vous amuser que vous avez décidé de jouer au tennis ?

Ci-dessous : Arthur Ashe utilisa les conseils préconisés dans ce chapitre pour battre Jimmy Connors en finale à Wimbledon en 1975. Après s'être épongé et avoir bu une gorgée d'eau, il se décontractait totalement pendant vingt-cinq secondes à chaque changement de côté. Il décidait alors de la tactique qu'il allait utiliser ensuite et ne déviait pas de son plan ; lorsqu'on est nerveux, il ne faut pas prendre de décisions en cours d'action.

Ce que révèle le test des 10

Il s'agit d'un test simple, mais la vitesse à laquelle vous devez l'effectuer suppose une certaine pression. Il y a en tout 24 lignes complètes, de 33 nombres chacune, soit un total de 792 nombres. Vous avez droit à 360 secondes (six minutes), il vous faut donc observer 2,2 nombres par seconde. Examinez bien les lignes du tableau, et vous verrez qu'elles se divisent en douze segments.

Le nombre total de 10 que vous avez soulignés donne une évaluation générale de votre capacité de concentration. Ainsi : 144 à 140 : excellent ; 139 à 135 : très bon ; 134 à 130 : bon ; moins de 130 : médiocre.

En tennis, vous devez maintenir un niveau optimal de concentration pendant trois à vingt secondes ou davantage, la durée moyenne des échanges étant de dix secondes.

Indiquez le nombre de 10 que vous avez trouvés dans chaque segment du tableau : LA, CA, RA, LB, etc. Calculez ensuite votre résultat global, qui sera votre total A.

Par exemple, votre score peut se décomposer ainsi :

	12 - 9 - 9
	11 - 8 - 8
	10 - 9 - 10
	12 - 8 - 10
Total (A)	45 - 34 - 37 = 116

Si vous retirez ensuite chacun de ces nombres de 12, vous obtenez :

	0 - 3 - 3
	1 - 4 - 4
	2 - 3 - 2
	0 - 4 - 2
Total (B)	3 - 14 - 11

Le total A indique une concentration globalement médiocre.

Les totaux B sont fondés sur la supposition que vous avez consacré 15 secondes à chaque ligne (A, B, C, D, E, etc.), soit 5 secondes par segment. Regardez à nouveaux les totaux B ; ils montrent que la concentration est très bonne pendant les cinq premières secondes de chaque ligne, puis qu'elle baisse considérablement lors des cinq secondes suivantes, avant de remonter légèrement pour les cinq dernières secondes.

Si, comme c'est probable, ce résultat reflète votre concentration générale, y compris lorsque vous jouez au tennis, vous pouvez imaginer ce qui risque de se produire lorsque vous servez et lorsque vous relancez.

Dans le premier cas, vous serez sans doute bien concentré pour votre service, ainsi que pour les deux coups suivants (c'est-à-dire les coups 1, 3 et 5) de l'échange. Vous risquez de commettre de nombreuses erreurs sur les coups 7 et 9, et même si vous vous reprenez légèrement pendant les cinq dernières secondes, vous ne serez pas à l'abri des fautes sur les coups 11, 13 et 15.

Au retour de service, votre concentration devrait être bonne sur les coups 2 et 4, mais elle baissera sur les coups 6, 8 et 10 avant de remonter quelque peu sur les coups 12 et 14.

Sachant cela, vous devriez tenter de vous concentrer plus particulièrement sur chaque coup à mesure que l'échange se prolonge, et tenter d'améliorer votre niveau global de concentration.

Il est peu probable que votre score corresponde à celui qui est cité dans cet exemple, mais les variations entre le nombre de 10 trouvés dans chaque segment vous fourniront de précieuses indications en ce qui concerne : 1) votre concentration d'ensemble, 2) votre concentration sur des périodes de quinze secondes, et 3) l'endurance de votre concentration. Vous pouvez constater que dans notre exemple, le nombre de 10 soulignés lors des 90 dernières secondes était le même que celui des 90 premières secondes, ce qui correspond à un relâchement suivi par une reprise de l'attention.

INDEX

Les numéros en italique font référence à des illustrations ou à des légendes d'illustrations.

prince

B